협동적 상호작용을 활용한
한국어 교수-학습 방법 연구

협동적 상호작용을 활용한
한국어 교수-학습 방법 연구

윤지유

역락

머리말

　최근 몇 년 사이 '한류', '다문화'라는 말은 더 이상 낯설거나 아리송한 단어가 아니게 되었다. '한류'라는 말이 퍼지기 시작할 처음에는 모두들 신기함과 의아한 마음을 어느 정도 가지고 있었을 것이다. '한류'가 우리에게 조금은 익숙해질 때쯤 '다문화'라는 단어가 자꾸 들리기 시작했다. 한류의 급속한 전파였을까? 많은 외국인들이 한국에 관심을 가지고 한국을 방문하고, 한국에 체류하거나 정착하기 시작하였다. 이러한 한류의 성장, 다문화의 확산과 더불어 우리나라 사람들에게 개념도 잡히지 않았던 한국어교육이 급성장하게 된 것 같다. 본 저자가 한국어교육에 입문했을 때는, 주변 사람들에게 내가 하고 있는 학문을 설명하기가 참 어려웠다. 전공의 정식 명칭을 이야기하고, 그에 따른 부가 설명을 해도 듣는 사람들은 알 듯 모를 듯한 표정을 지었다. 그러나 언젠가부터 내가 하는 일, 내가 하는 학문에 더 이상 추가 설명이 필요하지 않았다. 기쁘게도 한국어교육은 더 이상 낯선 학문도 낯선 단어도 아니었다. 그렇다, 한국어교육이라는 이 분야가 학문으로 인정을 받고 많은 사람들의 관심을 받고 있었다. 한국은 문화콘텐츠 면에서는 아시아의 중심이 되었고 더불어 한국어를 배우고자 하는 외국인들이 급격하게 늘어나고 있다.

　한국과 한국어에 대한 관심은 나날이 확산되고 있으며 단순한 한국과 한국어에 대한 관심의 수준을 벗어나 한국의 지식과 기술을 배우고자 하는 외국인도 증가하고 있는 추세이다. 따라서 한국어교육은 흥미와 관심을 충족하기 위한 언어교육의 수준이 아닌 학문을 위한 도구로서의 언어교육으로 발전해야 할 의무를 가지고 있다. 또한 한국어를 배우는 외국인 학습자들이 아시아권을 넘어 유럽과 아메리카 대륙까지 확대되고 있는 상황을 고려해 본다면 한국어교육은 좀 더 체계를 단단히 해야 하며 다양한 국적의 학습자의 특성에 대한 연구 그리고 이들에게 맞는 교수-학습 방법 등 여러 측면의 연구가 계속되어야 할 것이다. 특히 다양한 언어적 배경을 가진 학습자들을 효과적으로 가르치기 위한 교수-학습 방법에 대한 연구는 절실히 필요한 상황이다.

　그동안의 한국어교육은 청각구두식 교수법에서 의사소통중심 교수법으로 옮겨오면서 학습자중심 지도, 상호작용적 학습, 내용중심 지도, 과업중심 지도 등의 원리를 강조하고는 있으나 실제 현장에서 이러한 원리들을 적용한 교수-학습은 효과적으로 이루어지지 못하고 있다. 이에 본서는 학습자 중심 교수-학습 방법의 하나로 Vygotsky의 근접발달영역 이론과 비계설정(Scaffolding) 개념을 바탕으로 한 학습자 중심의 한국어 교수-학습 방법을 제안해 보고자 한 것이다. 본서에서 제시한 학습자 중심 한국어 교수-학습 방법은 학습자의 활발한 상호작용을 중심으로 수업이 이루어질 수 있도록 구성하였다.

　교수-학습 방법을 제안하기까지 수많은 가설을 세우고 자료를 만들어 수업을 진행하면서 생각지 못한 기대 이하의 결과를 얻기도 했다. 무언가를 '가르친다'는 것은 생각보다 더 많은 예상하지 못한 변수들이 작용을 하기도 했으며, 또 반대로 생각지 못했던 방법 속에서 기대 이상의 결과를 얻기도 했었다. 본서에 제안된 한국어 교수방법이 언제나 어떤 학습자에게나 효과적인 방법은 당연히 아니다. 그러나 이러한 한국어 교수방법에 대한 더 좋은 더 많은 연구들이 나오길 바라며 조심스럽게 학습자 중심 한국어 교수-학습 방법을 제안해 보고자 한다. 또한 부족한 점이 많은 교수학습 방법이 한국어교육 현장에서 유용하게 활용될 수 있기를, 이러한 방법을 기초로 한 효과적인 교수학습 방법이 연구되기를 바란다.

한국어교육이라는 학문의 길에 들어서고 학문을 계속할 수 있도록 끊임없이 격려해 주시고 지원해 주신 부모님께 항상 감사드린다. 그리고 본서의 연구들을 감히 책으로 펴낼 생각을 하지 못했을 때, 용기를 주시고 늘 옆에서 지도를 아끼지 않으시는 박덕유 교수님께 감사드린다.

내 논문의 대부분은 태국인 학습자들을 대상으로 하고 있다. 이는 4년간의 태국생활이 빚어낸 결과라 할 수 있다. 낯선 곳을 여행하는 것은 흥미진진한 일이겠지만, 아는 이 하나 없는 곳에서 생활을 시작한다는 것은 녹록한 일은 아니었다. 어느 정도 삶에 익숙해질 때까지 긴장의 연속이었으며, 이것저것 모르는 것도 많아 실수의 연속이었다. 그런 속에서 태국생활에 적응할 수 있도록 마음의 의지가 되어 주고 삶의 여유로움을 느끼게 해준 쏭클라대학교 동료들에게도 감사한 마음을 전하고 싶다. 특히 한국어 전공을 만드는 데 함께 노력했던 고인이 되신 Supachai 학장님과 이제는 둘도 없는 친구가 된 Sudrudee 부학장에게 감사드린다.

또한 IBK, KRS 프로그램을 진행하는 데 전폭적인 지원과 자문을 해주시고 세상을 보는 눈을 일깨워 주신 박기찬 교수님께도 감사드린다.

2017년 7월
윤지유

차 례

Ⅰ. 서론

1. 연구 목적 및 필요성

본 연구는 Vygotsky 이론을 바탕으로 하여 한국어 교수－학습의 과정에서 학습자 간의 협동적 상호작용을 통해 한국어 학습의 성취도를 높일 수 있는 학습자 중심의 한국어 교수－학습 방법을 찾는 데 목적이 있다.

본 연구가 이와 같은 목적을 가지게 된 것은 한국과 한국어에 대한 관심은 나날이 증가함에 따라 그 관심의 깊이가 깊어지고 한국과 한국어를 학습하고자 하는 학습자의 욕구가 다양해졌기 때문이다. 본 연구자가 한국어를 가르쳤던 태국의 쏭클라대학교 푸껫 캠퍼스는 지난 2011년 국제학부에 한국어 관련 학과를 2개 개설하였다. 한국학과(Korean Studies)와 국제경영한국학과(International Business Korea)가 그것이다. 태국에서의 한국과 한국어에 대한 관심은 어제 오늘의 일은 아니지만 한국비즈니스학과가 생겼다는 것은 관심과 호기심의 수준을 떠나 다양한 분야에서 한국과의 교류가 활발히 이루어지고 있음을 실감하게 한다. 또한 교육을 목적으로 해외로 나아가던 시대에서 이제는 한국과 한국어뿐만 아니라 한국의 우수한 기술과 지식을 배우러 한국을 찾는 외국인을 맞이하는 시대가 되었음을 실감하게 한다. 드라마와 K-Pop의 흥미를 위주로 하는 한류에서 이제는 많은 젊은 세대들이 한국어를 배우려고 하고 한국을 알고자 하며 한국의 수준 높은 기술과 지식을 배우고자 한다.

쏭클라대학교 푸껫 캠퍼스의 새로운 두 학과도 역시 이러한 취지를 담고 있다. 1년에 3학기 제도를 운영하면서 제 3학기에 학생들은 한국의 자매 대학에 가서 한국사회와 문화를 직접 체험할 기회를 가지며 소속된 학교에서보다 심화되고 구체화된 한국의 문화, 경제·경영 등에 대한 수업을 받게 된다. 이는 한국에서 유학을 하는 학생들이 더욱 늘어나고 있는 교육 한류 열풍의 일면이라 할 수 있겠다.[1]

이러한 한류의 한 단면을 보더라도 이제 한국어 교육의 대상은 한국에 대한 흥미와 관심에서 출발한, 단지 언어습득을 목표로 한 학습자의 수준을 넘어선 상태이다. 이제는 한국의 우수한 학문과 기술 등을 배우거나 한국과 비즈니스를 하고자 하는 등의 다양한 목적과 다양한 국적을 가진 학습자를 대상으로 하고 있다. 따라서 한국어교육은 학문 목적의 학습자나 특수한 목적의 학습자까지도 고려한 한국어교육이 되어야 하며 그러기 위해서는 그동안의 진부한 교사 중심의 수업을 떠나 학습자가 중심이 된 다양하고 새로운 교수-학습 방법에 대한 연구와 적용이 필요하다. 외국의 교수-학습 이론을 그대로 적용하기보다는 새로운 패러다임을 받아들이면서도 한국어가 가진 언어적 특성들을 효과적으로 가르칠 수 있는 교수-학습 방법의 연구가 필요하다. 또한 아시아를 넘어 유럽과 미국까지 퍼져 나가는 한류의 기운을 감지하여 학습자의 특성을 고려한 한국어교육이 이루어져야 한다. 현시점에서의 한국어교육의 과제는 학습자들의 다양한 특성과 목적을 고려한 학습자 중심의 다양하고 새로운 교수-학습 방법에 대한 연구와 개발이라 할 수 있을 것이다. 학습자들의 특성에 대한 관찰을 바탕으로 교수-학습의 효과를 높일 수 있는 구체적인 교수-학습 방법들이 제시되어야 할 것이다.

그동안의 한국어 교수법의 흐름은 한국어교육의 역사가 오래 되었음에

---

[1] 태국은 기후의 영향으로 보통 가장 더운 3월부터 5월까지가 2학기 방학이다. 따라서 1학기는 6월부터 9월, 2학기는 11월부터 2월까지이다. 쏭클라대학교 푸껫캠퍼스의 IBK, KRS 프로그램은 3월부터 5월까지의 세 달에 걸친 긴 방학을 제3학기로 운영하고 있다. 학생들은 2학기가 끝나자마자 한국에서 방학이 아닌 3학기를 시작한다. 단순한 어학연수가 아니라 정식으로 학점이수를 받는 과정으로 보통의 대학 과정이 4년제인 것을 3학기 제도의 시행으로 3년에 졸업을 할 수 있다. 한국어와 한국사, 한국경제사 등이 전공인 학생들이 매년 한국에서 교육을 받는다는 것은 학생들의 실력 향상에 큰 도움이 된다.

도 불구하고 지속적인 변화와 발전을 거듭했다기보다는 청각구두식 교수법에서 의사소통중심 교수법으로 훌쩍 뛰어넘은 듯하다. 언어 교수법은 고전적 교수법이라 불리던 문법 번역식 교수법에서 시작하여 직접식 교수법, 청각구두식 교수법, 침묵식 교수법, 전신반응 교수법, 과제중심 접근법, 내용중심 접근법, 의사소통 접근법 등 구체적이며 다양한 교수법이 많이 소개되었다. 그러나 한국어 교수학습 방법은 크게 1950년대 말부터 1990년대 초까지 주를 이루던 청각구두식 교수법에서 1990년대 후반부터 현재까지 주를 이루는 의사소통중심 접근법으로 바로 옮겨왔으며 2000년대 들어서는 내용중심 교수법, 과제중심 교수법 등이 소개되었다. 의사소통중심 접근법은 학습자중심 지도, 협동학습, 상호작용적 학습, 총체적 언어교육, 내용중심 지도, 과업중심 지도 등을 원리로 하고 있으며 한국어 교육은 의사소통중심 접근법이 소개되면서 이러한 원리들을 강조하고 있다. 안경화(2005)는 국내 대부분의 한국어 교육 기관은 의사소통중심 접근법을 교수학습법의 축으로 하고 있으며, 한국어 의사소통능력의 발달을 목표로 직접 교수법, 과정 중심적 교수법, 과제 중심적 교수법을 포함하고 있고 했다. 김경령(2010)은 한국에 소재한 대학 부설 교육기관의 경우 대부분 직접교수법을 사용해 왔다고 한다. 그러나 목표어로만 가르치기 때문에 목표어를 듣고 말하는 능력을 향상시킬 수 있다는 장점이 돋보일 수 있는 반면, 한국어 초급 학습자들에게 특히 한국어에 대한 지식이 전혀 없는 학습자들에게는 추상적 개념이나 문법적 사항에 대한 교사의 설명은 물론 기본적인 인사말도 이해하지 못하는 경우가 발생할 수 있으며 이는 학습자의 흥미를 떨어뜨릴 수 있다. 또한 직접 교수법에서 교사와 학생은 질문과 대답을 통해 활발히 상호작용을 하는 것처럼 보이지만, 단순한 질문과 대답은 말하고 들을 기회의 부여라는 의미만을 가질 뿐 학습자의 발달을 촉진하는 대화는 아니다. 교사와 학습자 사이의 상호작용을 통해 인지발달을 촉진시킨다거나 동료 학습자 간의 과제 해결을 위한 협동적 대화의 의미는 찾아보기 어렵다. 이러한 한국어 교육의 상황은 의사소통 중심에 초점을 둔 학습자 중심의 교육이라고 하기에는 무리가 있다. 따라서 본 연구는 의사소통적 언어 교수법이라는 패러다임의 원리들인 학습자 중심, 협동학습, 상호작용적 학습의 원리를 수용하면서 Vygotsky의 근접발달영역을 바탕으로 학습자들이 교수-학습 과정에서 협동적 상호작용을 통해 학습의 효과를 높일 수 있는 구체적인 한국어 교수-학습 방법을 제안하고자 한다.

제2언어 교수-학습 이론의 큰 흐름은 행동주의에서 출발하여 인지주의로, 그리고 구성주의로 옮겨왔다. 행동주의에 있어서 학습이란 외부의 자극에 대해 겉으로 드러나는 행동의 변화로 보고 있으며, 학습자는 외부의 자극에 반응하는 수동적인 존재로 보고 있다. 그러므로 행동주의에서의 교수-학습은 이미 설정된 목표에 학습자들이 반응하고 그 반응에 대한 강화를 통해 학습이 이루어진다. 따라서 행동주의 교수-학습에서의 주체는 교사가 된다.

이러한 행동주의에 대한 반박에서 시작된 인지주의에서의 학습은 외부의 지식을 학습자 자신의 지식과 연계하여 인지구조를 변화시키는 것이다. 인지주의는 학습을 외부 자극에 대한 수동적 반응으로 여기는 행동주의와는 달리 외부 정보에 대해 학습자의 내적인 정보처리 과정을 통한 인지구조의 변화로 봄으로써 학습자를 능동적인 정보 처리자로 여긴다. 이후 인지주의는 정보처리이론을 수용하며 Gregg의 문법이론, Krashen의 입력가설, Swain의 출력가설, VanPatten의 입력처리 모델, Gass와 Selinker의 제2언어습득 모델 등으로 다양하게 발전하였다. 행동주의와 인지주의는 학습에 대해 '자극-반응-강화'와 '능동적 인지구조의 변화'라는 각각 다른 견해를 보이고 있지만, 두 이론은 모두 지식을 학습자의 외부에 독립적으로 존재하는 것으로 보고 있으며, 따라서 교수-학습 상황의 주체는 학습자가 아닌 교사에 비중을 두고 있다는 것이다.

그러나 지식이나 사고와 같은 고등인지기능의 발달은 개인의 인지구조의 발달만으로 이루어지지는 않는다. 인간은 자신이 처한 사회문화적 맥락 속에서 주변인들과 상호작용하며 사고하고 학습하게 된다. 객관적 인식론에 기초한 행동주의와 인지주의는 이러한 사회문화적 맥락 속에서의 상호작용을 간과하였으나, 구성주의는 이러한 사회문화적 맥락 속에서 개인의 주관적 경험과 사회적 상호작용을 강조하고 있다. 이러한 구성주의에서 '학습'이라는 것은 개인이 어떤 특정 경험에 대한 의미 부여와 해석 등을 하는 과정 중에 기존에 자신이 지니고 있는 그 특정 경험에 대한 이해나 의미와의 충돌 혹은 모순 등이 발생하게 되면 스스로의 자기규율적 기제에 의해 다시 인지적 평형을 되찾게 되는 일련의 과정을 의미한다 (Brooks & Brooks, 1993; Fosnot, 1989, 1996; Glasersfeld, 1995 : 강인애, 1998). 즉, 학습은 주체인 학습자가 자신이 처한 물리적 사회적 세계와의 능동적 상호작용을 통해 스스로 자신의 지식을 구성해 가는 과정이다. 이러한 학습에 대한 견해는 학습을 결과가 아닌 과정으로, 학습의 주체를 교사가 아닌 학습자에 그 중심을 두고 있다는 것이다. 구성주의 이론에서 특히 사회적 상호작용을 강조했던 Vygotsky(1978:58)는 인간의 모든 고등인지기능은 먼저 사람들 사이에 즉 사회적 단계에서 나타나고 그 다음에 개인의 내면 즉 개인적 단계에서 나타나며, 모든 고등기능은 개인 사이의 실제 관계에서 발생한다고 주장한다. 이는 개인 간의 상호작용을 인지기능 형성의 시작으로 여기고 있다는 것이다. Vygotsky의 사회문화이론을 제2언어습득에 적용시킨 연구는 Lantolf & Apple(1998)과 Lantolf(2000)이 있으며 Lantolf는 사회문화이론을 제2언어습득에 적용시킬 것을 적극 주장하였다(Johnson, 004).

Vygotsky의 사회문화론에 바탕을 두고 있는 사회적 구성주의의 관점은 제2언어습득의 교수-학습 상황에서도 교사와 학습자 또는 학습자와 학습자 간의 상호작용을 중시하고 있다. 이와 같은 사회적 구성주의의 바탕이 되는 Vygotsky 이론은 한국어 교육에서 중심 목표로 하고 있는 의사소통능력 발달을 위해서 한국어 교수-학습에 적용시킬 필요가 있다. 그러나 사회적 상호작용을 바탕으로 한 한국어 교육에 관한 연구는 많지 않으며 쓰기나 읽기교육 또는 토론수업에서 사회적 상호작용을 바탕으로 하고 있는 연구가 대부분이다. 김정숙(2010)의 사회적 상호작용을 활용한 재외동포 아동의 어휘 및 문법 교육 연구나 이상린(2012)의 상호비계활동을 통한 한국어 읽기 교육 연구는 Vygotsky의 사회적 상호작용이론을 구체적으로 적용한 한국어교육에 대한 연구이다. 제2언어로서의 영어교육에서 Vygotsky 이론의 적용은 좀 더 구체적이다. 정미례(2002)의 영어작문 수업에서 스캐폴딩 과정을 분석한 연구, 김정권(2006)의 근접발달영역을 활용하여 영어 수업 모델을 제시한 연구 등이 그 예이다. 그러나 Vygotsky 이론을 제2언어 학습에 구체적, 직접적으로 적용한 연구들은 여전히 많지 않으며 대부분의 연구들이 일회적, 단기적 연구에 불과하다. 본 연구는 Vygotsky의 근접발달영역이론을 한국어 교수-학습에 구체적으로 적용하기 위하여 협동학습과 비계설정을 교수-학습 전략으로 삼았으며, 이 두 가지 전략을 효과적으로 활용할 수 있는 방법을 살펴보고 이를 적용한 한국어 교수-학습 모형을 제안할 것이다.

2. 연구 내용과 방법

본 연구의 출발은 연구자가 교실 내에서 관찰한 학습자들끼리의 상호작용 현상에서부터이다. 연구자로부터 한국어를 배웠던 학생들은 국제학부의 국제경영한국학과 또는 한국학과 1학년 학생들로 이들에게 한국어는 필수과목이다. 이 학생들은 교사의 설명 중간에 간간이 대화를 나누었고 대화의 내용은 자신들이 이해하지 못한 부분들에 대해 서로의 이해를 돕고 있는 것이었다. 국내 언어교육기관의 학습자들은 서로 다른 국적의 학생들로 서로 모르는 사이에서 함께 학습을 하게 되지만, 위 학생들은 같은 전공의 학생들로 학습자 모두가 서로 아는 사이이며 서로 친밀도가 높은 학생들도 있어서 한국어 학습 초기부터 이러한 상호작용이 더 쉽게 이루어졌을 수도 있다. 또한 영어로 이루어지는 수업을 이해하기 어려운 학생이 1-2명 있어서 이런 학생들은 동료 학습자의 도움이 절대적으로 필요한 상황이었다. 용언의 활용이나 체언의 받침 유무에 따라 조사가 바뀌는 현상은 어형의 변화가 없는 고립어로 분류되는 태국어 모어 화자들에게 낯설고 때로는 이해하기 어려운 것들이다. 한국어에 대한 기초 지식이 전혀 없기 때문에 태국어를 모어로 하는 초급 학습자들은 한국어나 대학 내 강의 언어로 설정된 영어로 구사되는 교사의 설명을 정확히 이해했는지에 대한 확인이 필요하였다. 또한 교사의 설명을 충분히 이해하지 못한 상태에서 학습의 과제를 수행하면서 동료 학습자의 도움이 절실히 필요했던 것이다. 수업 중 질문을 꺼리는 태국인 학습자들에게는 가까운 동료 학습자의 부가 설명이나 힌트의 제공 등은 학습자의 학습 발달을 돕는 역할을 했던 것이다.

이러한 학습자들의 수업 중 상호작용은 태국어를 모어로 하는 한국어 학습자에 한정된 상황은 아닐 것이며, 학습자 서로 간의 상호작용에 대한 필요는 부득 초급 학습자에게만 요구되는 것은 아닐 것이다. 상호작용은 교수-학습의 전 과정에서 학습자의 발달을 이끌어 내는 바탕이 되는 것이며 교수-학습에 있어 효과적인 발달의 중심적 역할을 하게 된다. 학습자들의 교사 설명에 대한 이해와 관련한 예를 들었지만, 실제로 교수-학습 과정에서 주어진 과제의 해결에서도 학습자들은 상호작용을 통해 서로 가르치고 배우는 역할을 교환하며 서로의 발전을 이끌어 낸다. 따라서 교수-학습에서 학습자들의 협동적 상호작용을 활발히 이끌어 낼 수 있는 상황을 제공하는 것이 학습의 효과를 높이는 전략이 될 것이다. 본 연구의 내용은 상호작용을 높일 수 있는 전략으로 협동학습과 비계설정을 활용하기 위해 효과적인 집단 편성 방법과 구체적인 비계설정 활용 방법을 살펴보는 데 있다.

본 연구는 학습자들이 무언으로 요구하는 상호작용이 활발히 이루어질 수 있는 학습 환경을 제공하기 위해 협동학습 전략을 전제로 하였다. 또한 협동학습 전략이 효과적으로 이루어질 수 있도록 학습 내용에 대한 지식을 조금 더 가지고 있는 조력자 즉, 비계설정을 사용하였다. 이러한 비계설정(Scaffolding)은 Vygotsky 이론을 바탕으로 한 개념이며, 상호작용이 학습자의 발달을 이끌 수 있는지와 그 구체적 방법에 대한 의문들에 대해 Vygotsky 이론을 적용하여 효과적인 개별화 교수의 주요 요소들을 찾으려고 했던 Wood 등에 의해 소개된 개념이다. Vygotsky(1978:86)는 아동의 인지발달은 타인과의 상호작용을 통해 비롯된다고 하였다. 즉, 아동이 혼자 해결할 수 없는 과제도 성인이나 능력 있는 동료 학습자와의 협동적 상호작용을 통해 자신의 실제적 발달 수준을 넘어 독립적으로 과제를 해결할 수 있다고 하였다. 이때 아동이 가진 실제적인 발달 수준과 성인이나 유능한 동료의 도움으로 발달할 수 있는 잠재적 발달 수준의 차이를 근접발달영역(Zone of Proximal Development)이라고 하였으며, 수업은 근접발달영역 내에서 이루어져야 한다고 하였다. 따라서 근접발달영역 내에서 이루어지는 수업은 학습자들의 실제적 발달 수준을 넘어서는 수준에서 이루어지므로 학습자들의 발달을 촉진시켜 주는 수업이라 할 수 있을 것이다. 이러한 근접발달영역 내에서 효과적인 학습을 위해 상호작용 하면서 도움을 조절해 나가는 것이 곧 비계설정이다. Vygotsky는 상호작용 과정에서의 도움을 교사만이 아니라 더 능력 있는 동료 학습자의 도움도 강조한다. 이러한 Vygotsky 이론을 바탕으로 한 이 연구는 학습의 효과를 높이기 위하여 협동학습과 동료 학습자 비계설정 전략을 마련하고 학습의 효과를 높일 수 있는 협동학습 집단의 유형과 효과적인 비계설정 활용 방법을 검증할 것이다. 또한 이러한 검증의 결과를 바탕으로 근접발달영역이론을 기초로 한 한국어 교수 - 학습 모형을 제안할 것이다.

본 연구는 첫 번째 단계로 협동학습과 비계설정(Scaffolding) 전략의 유용성을 먼저 검사하였다. 두 번째 단계로 설문을 통해 수업 중 협동적 활동과 친구들의 도움 즉 비계설정이 필요하고 유용한지에 대한 학생들의 반응을 조사하였다. 세 번째 단계로 본실험을 실시하였다. 본실험 과정 속에서 관심을 두고 있는 것은 다음과 같다.

첫째, 협동학습을 학습방법으로 사용할 경우 어떤 형태의 집단 구성이 효과적인가?

협동학습의 집단 구성과 관련하여 학습자들이 자율적으로 집단을 구성한 경우와 학습자들의 학습능력 수준을 고려한 집단 구성의 경우 성취도에 차이가 있는지를 알아보고자 했다. 학습자 스스로 협동학습 집단을 형성하는 경우 친화력이 높은 동료들과 집단을 구성하기 때문에 과제 수행을 위한 상호작용이 더 활발할 것을 기대하였기 때문이다.

둘째, 비계설정 역할로서 선행학습자의 학습능력 수준에 따라 학습의 효과가 달라지는가?

본 연구에서는 교사와 학습자 간의 상호작용보다는 학습자 간 상호작용에 초점을 두고 있다. Vygotsky 이론에 따르면 근접발달영역에서 발달을 촉진하기 위해서는 더 우수한 동료가 요구된다. Vygotsky의 더 우수한 동료의 개념에는 미치지 못하지만 다른 동료 학습자보다는 우수한 선행학습자를 각 소집단에 배치하였다. 소집단별 1명씩을 뽑아 선행학습을 시키고 이 선행학습자들을 다른 학습자보다 선지식을 가진 유능한 동료 학습자로서 소집단 내에서 비계의 역할을 수행하게 했다. 선행학습을 한 학생들이 공동의 과제 수행에서 동료 학습자들에게 도움을 제공할 것이라 기대한 것이며, 이때 비계설정의 역할로서 선행학습자의 학습능력 수준에 따라 학습 성취도가 달라지는지를 살펴보았다.

셋째, 협동학습 상황에서 제공되는 학습과제의 성격 및 과제가 주어지는 시점에 따라 학습 성취도가 달라지는가?

학습자들이 협동적 과제 수행을 할 때에 학습자 스스로 의미와 규칙을 찾아나가는 지적 탐구과정을 필요로 하는 과제와 교사의 안내에 의해 형성된 기본 지식을 바탕으로 수행하는 과제가 학습 성취도에 영향을 주는지를 살펴보고자 한다. 지적 탐구과정을 필요로 하는 과제는 교사의 안내 및 설명 이전에 제시되어 학습자들이 협동적 탐구의 과정을 거쳐 해결할 수 있도록 하였으며, 또 다른 형태는 교사의 안내 및 설명 이후에 과제를 제시하여 교사의 안내 및 설명을 바탕으로 과제를 해결하도록 할 것이다.

II. 협동적 상호작용의 이론적 배경

1. 구성주의(Constructivism)

1.1. 인지적 구성주의와 사회적 구성주의

구성주의는 행동주의와 인지주의로 대표되는 객관주의에 대한 대안으로 등장했으나 구성주의가 새로운 학파는 아니다. Piaget와 Vygotsky로 대표되는 구성주의는 1980년대 후반 van Glasersfeld의 구성주의에 대한 논문에서부터 구체적으로 널리 논의되기 시작했다고 볼 수 있다. 구성주의는 van Glasersfeld(1989)가 '급진적 구성주의'라는 표현을 썼을 정도로 구성주의 학습 이론의 인식론적 전제는 기존의 학습 이론들과 완전히 다르다는 것을 알 수 있다(강인애, 1995, 1997).

객관주의와 구성주의의 차이는 지식의 형성과 습득에 대한 인식론에서부터 시작한다. 객관주의적 관점에서 지식이란 인지 주체의 외부에 존재하는 것으로 인지 주체가 놓여 있는 사회적, 문화적, 역사적 간섭을 전혀 받지 않는 것으로 보는 것이다. 이러한 객관주의적 인식론에서 지식의 최종적 목표는 보편타당한 절대적 진리의 추구인 것이다.

이러한 객관주의적 인식론의 대표라고 할 수 있는 것이 행동주의와 인지주의이다. 행동주의는 학습을 외적으로 드러나는 행동의 변화로 보고 학습자를 단순히 외부 자극에 반응하는 수동적인 존재로 여긴다. 따라서 교사는 학습자의 상황에 관계없이 목표를 정하고 그에 필요한 지식과 정보를 일방적으로 전달하는 존재로서 교수학습의 중심이 된다. 행동주의의 객관적 인식론의 뒤를 이어 등장한 것은 인지주의이다. 인지주의는 행동주의가 학습을 자극-반응-강화로 연결되는 외적 행동의 변화로 여겼던 것과는 달리 외적 정보에 대한 인식 주체의 인지구조의 변화로 보았다. 즉, 학습자는 외부로부터 전달된 정보를 능동적으로 수용하여 자신이 가진 지식 체계와 연계하여 새로운 지식을 구성해 낸다는 것이다.

이에 반해 구성주의 인식론은 상대주의적 인식론이다. 개인의 외부에 존재하는 독립적 지식은 존재하지 않으며, 보편타당한 지식의 존재를 부인한다. 인간은 태어나면서 각자 다른 사회문화적 환경에 처하게 되며 각 개인은 자신만의 인지구조를 가지고 있어서 객관적인 지식을 동일한 방법으로 전달하더라도 인식의 주체는 객관적 지식을 그대로 인식하지는 않는다. 각 개인을 둘러싸고 있는 상황과 이미 내재되어 있는 인지구조와의 상호작용을 통해 자신만의 새로운 의미로 내면화 시키게 된다. 따라서 구성주의 인식론에서 절대적, 보편적 지식은 존재할 수 없는 것이며, 지식이란 이미 존재하는 것의 실체를 파악하는 것이 아니라 주어진 상황 안에서의 개인의 경험이나 상황의 내면화 과정으로 여긴다. 또한 지식이란 역사성, 문화성, 사회성을 벗어나 정형화 되고 정체화 되어 존재하는 것이 아니라 오히려 개개인이 자신의 역사적, 문화적 사회적 상황을 바탕으로 하여 지식을 구성해 나가는 것이라고 본다(강인애, 1995). 다시 말하면 어떤 일정한 상황에 대해서 개개인은 각자 다른 주관적인 생각을 가지고 있다는 것이며, 지식은 정형화, 정체화 된 고정적인 것이 아니라 주어진 사회문화적 상황과 그 상황에 대한 개인의 주관적 경험이 상호작용을 통하여 내면화 되는 과정으로 본다는 것이다. 따라서 구성주의에서는 개개인의 현상에 대한 이해가 얼마나 현실과 잘 어울리고 타당성을 가지는가가 중요하다.

구성주의는 지식의 형성 과정에서 Piaget와 같이 개인의 인지적 작용에 중요성을 강조하느냐, Vygotsky와 같이 사회적 상호작용에 중요성을 두느냐에 따라 인지적 구성주의와 사회적 구성주의로 구분된다. Piaget와 Vygotsky는 똑같이 구성주의자들로 여겨지지만 그들은 사회적 맥락을 강조하는 정도에 있어서는 각기 다르다. Piaget는 상대적으로 개별적 행위로서의 인지 발달의 중요성을 강조하였다. 인간의 생물학적 성장 발달은 프로그램화되어 있는 것이라고 보는 생물학적 일정표와 발달의 단계에 기초한다고 본다. 사회적 상호 작용은 특정 인지 발달이 일어나야 하는 시기에 그 발달이 일어날 수 있도록 만들어 줄 뿐이라고 주장되었다. 반대로 사회적 구성주의자로 여겨지는 Vygotsky(1978)는 사회적 상호작용이야말로 인지 발달의 기초가 된다고 주장하면서 생물학적 선결정 단계 등의 개념을 받아들이지 않았다(Brown, 2001).

Piaget의 발달 심리를 바탕으로 하는 인지적 구성주의에서 지식이란 이미 생물학적으로 발달 과정의 틀 안에서 동화(assimilation)와 조절(accommoation)이라는 인지적 작용에 의해 구성된다고 보았다(Russell, 1993). 즉 인지적 구성주의는 지식의 형성 과정에서 개개인의 인지적 구조변화를 중요한 요인으로 보며, 사회적, 문화적 요인은 크게 고려하지 않는다. Piaget (1973:154)는 지식은 우리 인간들이 즉각적으로 이해하고 사용할 수 있는 완전한 형태로 주어지지 않기 때문에 인간은 자기 자신의 지식을 스스로 구성(construct)해야 한다고 하였다. 이는 인간은 개인이 가진 경험을 통하여 구성해 간다는 것이며 이러한 개인의 경험은 개인의 인지구조 내부에 정신적 모형인 틀(Schema)를 형성하고 이 틀을 중심으로 동화와 조절을 통해 지식은 변화하며 확장한다는 것이다. 이처럼 인지적 구성주의에서는 개인의 인지적 발달 과정에 초점을 두고 사회적 상호작용은 발달을 촉진시키는 부수적 요인으로 보고 있다.

사회적 구성주의와 인지적 구성주의의 가장 큰 차이점은 사회적 상호작용에 대한 비중이다. 인지적 구성주의가 사회적 상호작용을 인지 발달의 부수적 요인으로 본 데 반해 사회적 구성주의에서는 사회적 상호작용을 지식 구성의 가장 중요한 요소로 보고 있다. Vygotsky 이론을 바탕으로 하는 사회적 구성주의에서는 인간은 자신이 처해 있는 사회적 맥락 속에서 타인과의 교류를 통해 언어와 인지 발달을 이루어간다고 본다. 또한 사회적 구성주의자들은 아동들이 타인과의 사회적 상호작용을 통해 자신의 경험을 확장할 수 있으며 자신의 기존 지식과 새로운 경험을 통합함으로써 새로운 지식을 구성, 축적하고 이를 통해 발달을 이룬다고 보았다(김정숙, 2010). Vygotsky는 인간 고등정신기능의 발달에 대해 아동의 문화적 발달에 있어 모든 기능은 두 번, 또는 두 국면으로 나타나는데 처음에는 사회적 국면에서 나타나고 그런 다음 심리학적 국면에서 나타난다. 먼저 사람들 사이에 개인 간 심리 범주로 나타나고 그런 후 개인 내 심리 범주로 아동 내면에서 나타난다고 했다. 이는 이성적 사고나 학습과 같은 인간의 고등정신기능은 개인이 속한 사회 속에서 상호작용을 통해 구성된 후에 개인에게 내면화 되면서 발달된다는 것을 의미한다. 이는 고등정신기능이 사회적 맥락과는 독립적으로 나타나며 외부 과정에 의해 영향을 받지 않는다는 Piaget의 주장과 상반되는 입장이다. 또한 Vygotsky는 근접발달영역(Zone of Proximal Development)라는 개념을 통해 학습자는 성인이나 더 나은 동료와의 협동을 통해 자신의 인지적 발달 수준보다 더 나은 수준에 이를 수 있다고 하였다. 이러한 Vygotsky 이론을 바탕으로 한 사회적 구성주의에서는 개인 간의 상호작용을 중요시 여기며 학습의 상황에서 사회적 상호작용을 이루기 위해 협동학습을 강조한다.

다음은 인지적 구성주의와 사회적 구성주의의 차이점을 비교한 것이다.

〈표 1〉 인지적 구성주의와 사회적 구성주의의 비교

	인지적 구성주의	사회적 구성주의
인지적 발달 기원	머리 속에	사회관계에 참여하는 개인
학습이란?	적극적인 인지적 구조의 재편성	관련 공동체에서의 문화적 동화
최종 목표	개인 경험의 사회문화적 타당성 검증	개인들 간의 활발한 상호작용에 의한 사회문화적 관습 습득
이론적 관점	개인의 인지적 발달 과정	사회문화적 동화 과정
분석 내용	사회적 상황에 의거한 인지적 재구성 과정	관련 공동체에 참여를 통한 사회문화적 행동 양식 습득 및 동화 과정
수업 환경	교사와 학생간의 문화 조사	공동체의 문화를 반영하는 학습교육의 실태 조사
그룹간의 환경	상이성 강조	동질성 강조

<표 1>은 강인애(1995)를 인용한 것이며, 이 표는 Cobb(1944)의 것을 변형시킨 것이다.

이처럼 인지적 구성주의와 사회적 구성주의는 사회적 상호작용을 강조하는 정도에 따라 다른 관점을 가지고 있지만, 상대주의적 인식론을 바탕으로 학습에 있어 학습자의 사회적 상호작용 통한 협동학습을 강조하고 있다는 점에서는 공통된 견해를 가지고 있다.

이처럼 구성주의는 사회적 상호작용에 대한 비중에 따라 인지적 구성주의와 사회적 구성주의로 나눌 수 있다.

1.2. 구성주의의 교수- 학습

지식과 습득에 대한 객관주의와 구성주의의 인식론적 차이는 학습에 대한 기본 전제에서부터 다른 견해를 보인다. 행동주의나 인본주의와 같은 객관주의적 관점에서는 보편적, 절대적, 초월적 지식이 있다는 믿음 아래 학습은 이러한 지식을 교사에 의해 학습자에게 전달하는 것이라 파악하며 학습에 의한 외적 행동의 변화나 인지구조의 변화에 관심을 둔다. 따라서 교사에 의해 전달되는 절대적 지식에 대해 모든 학습자들은 같은 인식을 하게 될 것이라 기대한다. 이와는 반대 입장을 가진 구성주의는 상대적주의 인식론에서 출발한다. 인간은 자신만의 경험을 가지고 있으며 지식이라는 것은 개인이 가지고 있는 주관적 경험을 상황에 비추어 해석해 내는 결과물이기 때문에 객관적인 지식은 존재할 수 없다는 것이다. 또한 지식은 학습자가 속한 사회문화적 상황과 주관적 경험의 상호작용을 통해 구성되는 것이다. 이러한 구성주의적 관점에서 학습은 외부에서 주어지는 보편적, 절대적, 초월적 지식에 대한 습득이 아니라 학습자의 주관적 경험과 사회문화적 상황이 사회적 상호작용을 통해 의미를 구성해 나가는 것이다.

구성주의의 학습에 대한 기본 전제를 바탕으로 강인애(1999)와 Duffy & Jonassen(1992)의 구성주의 교수-학습 원리를 정리하면 다음과 같다.

첫째, 학습에 대한 학습자의 주인의식(Ownership)이다. 학습에 대한 주인의식은 학습의 주체로서 학습자 스스로 학습의 목표와 방향을 설정해 나갈 수 있는 능력을 말한다. 이는 구성주의에서 말하는 학습이란 학습자의 주관적 경험과 사회문화적 상황과의 상호작용을 통해 구성되는 것이라는 인식론적 입장에 근거해 보면, 학습자는 더 이상 학습 상황에서 수동적 존재가 아닌 학습의 주체라는 것을 의미한다. 따라서 학습자의 학습에 대한 주인의식은 객관주의적 시각에서 주어진 지식에 대해 학습의 주도권을 가지지 못하던 학습자에서 벗어나 자율적이고 적극적인 상호작용을 통해 지식을 구성해 나가는 학습의 주인이라는 것이다. 학습에 대한 주인의식은 자신의 학습을 스스로 관리하고 목표와 방향을 설정해 나갈 수 있는 능력을 뜻한다. 과제가 주어졌을 때 그 과제를 통해 자신이 해결해야 할 문제가 무엇인지를 스스로 파악하고 문제 해결 과정에 필요한 방법들을 결정하며 해결 과정에 있어서 스스로 또는 타인과의 협동을 통하여 결론을 유추하고 그 결론에 대한 타당한 논리적 이유를 제시할 수 있는 능력이다. 이러한 문제 해결의 전 과정에 대한 적극적, 자율적 해결은 단지 문제를 해결하는 것에서 끝나지 않는다. 궁극적으로 학습자는 사회문화적 상황에서 실제적 과제를 해결해 나가면서 그 과제를 둘러싸고 있는 사회의 사고방식 및 행동양식을 자연스럽게 습득하면서 그 사회와의 '문화적 동화(acculturation)'를 하게 된다. 이처럼 구성주의에서는 학습자 중심의 학습을 강조하고 있기 때문에 교수−학습 상황도 학습자들이 적극적, 자율적으로 자신의 생각과 능력을 발휘할 수 있는 환경을 만들어 주어야 한다.

둘째, 자아성찰적 학습(Learning by reflection)이다. 자아성찰, 즉 반성은 개인의 경험이나 개인을 둘러싸고 있는 주변의 현상, 사건들에 대해 무심코 지나쳐 버리는 것이 아니라 각각의 경험, 현상, 사건들에 대하여 의문을 제기하고 분석하여 새로운 의미를 부여하는 것을 말한다. 학습에 있어서 자신의 학습 과정, 내용, 방법, 성과 등에 대한 반성은 자신의 학습 전반을 스스로 평가해 봄으로써 문제 해결 능력을 향상시키고, 의사결정 능력, 미래에 대한 예측 등을 가능하게 하는 고차원적인 사고 기능을 강화하는 데 도움이 될 수 있다. 따라서 교수−학습 상황은 학습자들이 기존 지식과 개념을 활용할 수 있는 학습 환경, 과제 해결을 위한 깊이 있는 사고와 탐색이 필요한 학습 환경으로 구성되어야 한다.

셋째, 협동학습[2](Learning by Collaboration)이다. 구성주의에서 지식은 개인

---

2) '협동학습'의 개념은 다양하게 사용되는데 엄밀히 협동학습(Cooperative Learning)과 협력학습(Collaborative Learning)으로 나눌 수 있다. 두 개념은 소집단 학습을 바탕으로 하며, 학습자의 상호작용을 중시하는 학습자 중심 학습이라는 점에서는 공통점을 가지지만, 협동학습은 각각의 학습자에게 다른 임무가 주어지는 경우를 말하고, 협력학습은 학습자 모두가 같은 과제를 협력해서 수행한다는 점에서 다르다고 할 수 있다. 그러나 이 연구에서는 협동학습과 협력학습의 의미를 엄밀히 구분하지 않고 '협동학습'이라는 용어를 사용한다.

의 경험과 사회문화적 상황의 상호작용으로 이루어지는 것이기 때문에 구성주의적 교수학습에서는 협동학습의 환경이 구성되어야 한다. 구성주의에서 협동학습이란 전통적인 소집단 학습에서 구성원 간의 상호작용 없이 단순히 역할을 분담하는 형태가 아니다. 협동학습은 구성원 사이의 활발한 상호작용을 통해 서로의 지식을 공유하고 다른 학습자의 다양한 관점과 시각을 접할 수 있으며, 공동의 목표에 도달하기 위해 개인의 고정된 관점과 시각이 서로 다른 관점이나 시각과 조율하는 과정을 통해 사회적 기능을 배우고 반성적 사고를 하게 되며 생성적 학습을 촉진시킬 수 있다. 이 협동학습의 원리는 나아가 Vygotsky의 '근접발달영역(Zone of oximal Development)' 이론과 연결되어 구성주의 학습이론의 중요한 역할을 하게 된다.

넷째, 구체적 상황을 배경으로 한 실제적 성격의 과제중심 학습(Learning y authentic task)이다. '상황성'이 중요한 이유는 우리가 무엇을 이해했다, 혹은 배웠다 하는 것은 항상 어느 구체적 상황을 전제로 하여 이루어진다는 점 때문이며, '실제성'이라는 것은 어떤 과제가 어떤 특정한 목표의 달성과 얼마나 관계가 있는가를 말하는 것이다. 따라서 학습이 학습자들에게 유의미한 것으로 인식되기 위해서는 학습의 필요성과 이유가 명료해야 하며 학습 내용이 실제적 상황과 연계성을 가지고 있어야 한다. 객관주의가 간과한 것이 바로 구체적 상황을 고려하지 않았다는 점이며 이러한 탈상황적 관점은 실생활의 문제들과는 거리가 먼 보편적이고 절대적인 교과서적인 진리만을 가르치게 된 것이다. 학습과 실생활과의 연계성이 필요한 것은 학습은 항상 구체적인 상황 속에서 이루어지기 때문이다. 실제 생활과 관련된 지식은 학습자들에게 학습 내용에 대한 관심을 증대시키고 이러한 관심은 학습자를 학습의 주체로 느끼게 하는 학습에 대한 주인의식을 높일 수 있다.

다섯째, 교사의 역할은 학습자의 학습을 돕는 조력자(Scaffolder)이며, 동료 학습자(Co-learner)이다. 구성주의는 전통적인 교사의 역할에 변화를 추구한다. 구성주의에서 교사는 더 이상 일방적인 지식의 전달자가 아니라 학습자가 필요로 할 때 도움을 줄 수 있는 조력자이며, 질문을 통해 학습 활동을 자극하는 촉진자이며, 더 나아가 학습자와 함께 새로운 지식을 구성해 가는 동료학습자의 역할을 한다. 구성주의에서 학습자의 역할이 많아진 만큼 교사에게 요구되는 사항이 많아졌다고 할 수 있다. 교사는 학습자마다의 고유한 경험의 가치를 인정해야 하고 다른 경험을 가진 학습자들의 도움의 목소리에 각각 다른 도움을 주어야 한다. 절대적, 보편적 지식이 아닌 개인의 독특한 경험을 통해 학습자들은 지식을 구성해 나가기 때문에 도움의 내용도 다른 것이며 이러한 다양한 학습자의 경험에 가치를 부여하고 다양한 요청에 도움을 주면서 교사 역시 새로운 세계에 노출된다. 그리고 학습자와 함께 지식을 구성해 나가게 된다. 또한 구성주의에서는 교사의 절대적 영역이었던 평가 영역에까지 학습자를 참여시킴으로써 학습의 주체를 학습자에게로 이양하는 변화를 의미한다.

다음 장에서는 본 연구의 이론적 핵심이 되는 Vygotsky 이론에 대해 살펴보겠다.

2. 비고츠키(Vygotsky) 이론

2.1. 인간 고등정신기능의 사회문화적 기원

Vygotsky는 Piaget 학파의 인간 고등정신발달 연구에 심리학의 실험적 유형에서 사용된 내관적이고 객관적인 방법에 반대하였다. 그는 개인의 고등정신기능을 사회적, 문화적 맥락 속에서 구성원들과의 상호작용을 통한 결과로 보고, 개인의 고등정신기능의 발달을 이해하기 위해서는 개인이 속한 사회·문화적 맥락을 이해해야 한다고 주장하였다. 그의 이론은 인간의 발달을 사회·문화적 맥락에 근간을 두고 있기 때문에 사회문화 이론(Sociocultural Theory)이라고 한다.

Vygotsky는 인간의 개체발생을 '자연적 발달'과 '문화적 발달'의 두 가지 영역으로 구분하였다. 자연적 발달은 자연적인 지각이나 무의식적 주의력 등의 생물학적 성장과 신체적, 정신적 구조의 성숙 같은 초등 정신 기능을 의미하며, 문화적 발달은 자발적 주의력, 계획, 모니터링, 이성적 사고, 학습과 같은 인간의 고등정신 기능을 의미한다. 자연적 발달은 초등 정신기능을 형성하며, 문화적 발달은 초등 정신기능을 고등 정신기능으로 변화시킨다. 발달의 두 영역에 대해 Vygotsky(1978:46)는 "일반적인 발달 과정은 질적으로 다른 기원을 가진 두 가지 발달 노선으로 구별된다. 하나는 생물학적 기원을 갖는 초등 정신기능이고 다른 하나는 사회문화적인 기원을 갖는 고등 정신기능이다. 아동 행동의 역사는 이들 두 개 노선의 혼합으로 생긴다."라고 기술한다. 그는 초등 정신기능과 고등 정신기능이 발생적으로는 연결되어 있지만 기능적으로 구별된다고 보았으며, 발달의 본질이 어떻게 변화하는가를 말할 때 자연적 발달과 같은 초등 정신기능이 어떻게 고등정신기능으로 변화하는가에 관심을 가졌다. 이 두 기능은 규제의 정도와 유형에 의해 구분할 수 있다. Vygotsky는 두 기능의 구분에 대해 다음과 같이 제시한다. "기초 기능의 주요한 특징은 그것이 환경으로부터의 자극에 의해 전적으로 그리고 직접적으로 결정된다는 것이다. 고등기능에 있어 주요한 특징은 스스로 자극을 생성한다는 점이다. 즉 행위의 직접적 원인이 되는 인위적 자극을 창조하고 사용한다는 것이다."(Vygotsky, 1978:39) Vygotsky는 아동의 고등정신기능의 발달을 가져오는 문화발달의 일반적인 발생적 법칙을 다음과 같이 제시한다.

아동의 문화발달에서 모든 기능은 두 번 혹은 두 국면에서 나타난다. 첫 번째로 그것은 사회적 국면에서 나타나고 그런 다음 심리적 국면에서 나타난다. 첫 번째로 그것은 사람들 사이에 개인 간 심리 범주로 나타나고 그런 다음 개인 내 심리 범주로 아동 내면에서 나타난다. 이것은 자발적 주의, 논리적 기억, 개념형성과 의지의 발달 모두에 적용된다. 우리는 이러한 입장을 하나의 법칙으로 여길 수도 있지만, 내면화는 과정 그 자체를 변형시키고 그것의 구조와 기능을 변화시킨다는 것은 지극히 분명한 일이다. 사회적 관계나 사람들 간의 관계는 모든 고등 기능들과 그것들 간의 관계에 발생적으로 기초가 된다(Vygotsky, 1982:163).

Vygotsky의 이러한 주장은 문화적 발달의 일반적 발생론적 법칙에 따르면, 인간의 고등정신기능은 사회적 국면 이후에 개인 내 국면으로 발달한다는 것이다. 다시 말해 인간의 고등정신기능은 다른 사람과의 상호작용에서 시작되며 그 고등정신기능을 내면화함으로써 개인 내에서 나타난다는 것이다. 내면화가 되었다는 것은 그 고등정신기능이 개인 내의 정신기능으로 독립적인 발달 단계 성취의 일부가 됨을 의미한다.

내면화는 사회적 현상을 심리적 현상으로 변형시키는 과정이며, 외적인 수준에서 수행되어왔던 활동 유형 중 어떤 측면이 내적인 수준에서 실행되는 과정이다(한순미, 1999). 그런데 Vygotsky는 '외적'이라는 것을 사회적 과정으로 정의하면서 "고등 형태로 있는 내적인 모든 것은 필연적으로 외적인 것이었다. 즉, 현재 어떤 사람에게 있는 것은 다른 사람에게 있었던 것이다. 어떤 고등정신이라도 그것이 처음에는 사회적 기능이었기 때문에 그 발달에 있어서 필연적으로 외적 단계를 거친 것이다."(Vygotsky, 981b:162)라고 한다. 이는 고등정신기능이 사회적 국면에서 시작됨을 의미하는 것이다. 그러나 이러한 Vygotsky의 주장은 내면화가 사회적 국면 즉 개인 간 국면에서 시작되었다 하더라도 개인 간 정신 과정의 단순한 모방을 의미하지는 않는다. Vygotsky가 "내면화가 과정 그

자체를 변형시키고 그것의 구조와 기능을 변형시킨다."(Vygotsky, 1981a:163)
고 한 것처럼 내적 과정은 외적 과정을 반영하지만 내적과정이 내면화되
는 과정에서 외적 과정이 변형되기 때문이다. 그러므로 인간의 고등정신
기능을 이해하기 위해서는 개인이 노출되었던 사회·문화적 맥락을 반
드시 고려해야 한다.

2.2. 근접발달영역

Vygotsky에 의하면 인간의 모든 고등정신기능은 개인 간 국면, 즉 사회
적 상호작용에서 기원한다. 개인 간 국면은 한 개인의 사회적 활동 유형
들이 내면화되면서 개인 내 국면으로 변형된다. 사회적 국면에 있던 고등
정신기능들이 개인 내 국면으로 내면화되는 과정은 정신의 도구들인 기
호체계(signs), 특히 언어가 중요한 중재 기능을 담당한다. Vygotsky는 개인
간 국면이 개인 내 국면으로 내면화되는 지점을 근접발달영역(Zone of
roximal Development)3)라고 하였다. Vygotsky는 근접발달영역을 다음과 같이
정의한다.

> 근접발달영역은 독립적으로 문제를 해결할 수 있는 실제적 발달 수준과
> 성인의 도움이나 더 유능한 동료와의 협동을 통해 문제를 해결할 수 있는
> 잠재적 발달 수준 사이의 거리이다(Vygotsky, 1978:86).

Vygotsky는 발달의 수준을 실제적 발달 수준과 잠재적 발달 수준으로
나누었다. 실제적 발달 수준이란 타인의 도움 없이 스스로 독립적으로 문
제를 해결할 수 있는 현재의 능력 수준을 말하며, 잠재적 발달 수준이란

---

3) 'Zone of Proximal Development'의 번역에 있어 직역에 의해 '근접발달영역' 또는 '근접발
달대'로 사용하기도 하고 학습자가 아직 독립적으로 수행할 수 없는 발달의 가능성을 가
진 영역이란 의미를 강조하여 '잠재적 발달영역'이라고도 한다.

혼자서는 문제를 해결할 수 없어 교사나 부모 또는 더 능력 있는 동료 학습자의 도움을 받아 문제를 해결할 수 있는 아직 특정 기능이 내재화되지 않은 능력 수준을 의미한다.

근접발달영역의 개념이나 사회문화이론에 비추어 볼 때 Vygotsky는 아동 발달에 영향을 미치는 사회적 관계를 강조한다는 것을 알 수 있다. 그가 의미하는 바로서의 사회적 관계란 '교수적 관계'를 말하는 것으로서 이 때 교수자는 성인(교사, 부모)이거나 자신보다 유능한 동료일 수 있다. 자신의 환경 속에 있는 이들과의 상호작용을 통해 '중재 학습 경험(mediated learning experience)'을 가짐으로써 아동 내부의 발달 과정은 일깨워지고 아동이 이를 내면화함으로써 독립적인 성취를 이룰 수 있게 된다. 다시 말해 아동의 발달은 사회적, 문화적 상호작용의 결과이며 나중에서야 개인적이 된다는 것이다(한순미, 1999).

Vygotsky는 개인의 실제적 발달 수준보다 잠재적 발달 수준에 더 관심을 가졌으며 개인의 발달 상태는 성인이나 더 유능한 동료와의 사회적 활동을 통해 가장 잘 드러난다고 보았다. 그에게 있어 개인 발달의 개념은 이미 도달한, 완료된 실제적 발달 수준뿐 아니라 아동 내에서 현재 발달이 진행되고 있는 상태인 잠재적 발달 수준이나 능력을 포함한다. Vygotsky가 근접발달영역을 관찰하면서 발견한 또 다른 사실은 실제적 발달 수준이 같을지라도 도움을 받는 정도에 따라 잠재적 발달 수준은 다를 수 있기 때문에 학습자는 각기 다른 규제나 도움의 단계를 요구한다는 것이다.[4] 이러한 Vygotsky의 관점이 시사하는 바는 교육은 잠재적 발달 수준에 초점을 두어야 하며 학습자에게 도움을 제공하는 사회적 상호작용

---

4) Aljaafreh와 Lantolf(1994)는 학습자에게 제시되는 피드백의 유형에 따라 조직된 규제척도를 만들었다. 이 규제척도에 따르면 개인의 미시발생적 발달은 가장 명시적인 단계에서 가장 암시적인 단계로 이동할 때 감지된다. 이 연구 결과는 학습자들이 비록 같은 실제 발달 수준에 있더라도 서로 다른 근접발달영역에 있어 각기 다른 규제나 도움의 단계를 요구한다는 Vygotsky의 주장을 뒷받침한다(Johnson, 2004).

이 활발히 이루어져야 한다는 것이다. 더불어 교육의 역할은 개인의 근접 발달영역에 있는 경험들을 제공하고 자극함으로써 발달을 촉진시키는 것이다. 또한 Vygotsky는 근접발달영역 개념이 개인의 발달 가능성을 포착할 수 있게 해준다고 하면서 완전한 평가를 위해서는 발달의 '봉오리'나 '꽃'에 해당하는 아직 '성숙되지는 않았지만 성숙과정에 있는 기능, 내일 성숙할 것이지만 미발달 상태에 있는 기능' 즉, 발달 중인 기능까지 평가할 수 있어야 한다고 주장한다(Vygotsky, 1978:86-87).

또한 Vygotsky는 학습의 중요한 특징을 '근접발달영역의 창조'라고 하였다. 그는 "학습은 아이가 그의 주변 사람들과 상호작용하고 동료들과 협동할 때에만 작동할 수 있는 다양한 내적 발달과정을 불러일으킨다. 일단 그 과정이 내면화되면 그것들은 아동의 독립적인 발달 단계 성취의 일부가 되는 것이다. 학습은 문화적으로 조직되고 인간만이 갖는 심리학적 기능을 발달시키는 과정에 있어 꼭 필요하고 보편적인 것이다."라고 주장하였다.

근접발달영역의 개념에서 보면 교육은 근접발달영역 내에서 학습자들에게 도움을 제공하여 독립적으로 해결할 수 없는 문제들을 스스로 해결할 수 있도록 내면화 시키는 과정이다. 따라서 학습자들이 현재 스스로 해결할 수 없는 문제들을 학습이라는 과정을 거치면 독립적으로 해결할 수 있는 실제적 발달 수준에 이르게 된다는 것이다. 현재의 잠재적 발달 수준은 내일의 실제적 수준으로 변화될 수 있음을 의미한다. 이처럼 개인이 발달해 감에 따라서 근접발달영역은 변화하게 된다. Vygotsky(1987)는 근접발달영역의 동적인 체계에 대해 다음과 같은 그림을 통해 제시한다.

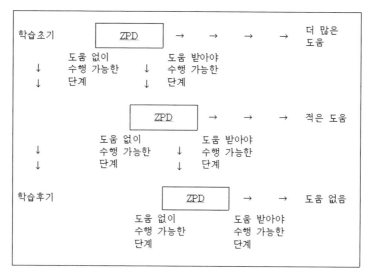

〈그림 1〉 근접발달영역의 동적인 체계

　<그림 1>에서 알 수 있듯이 근접발달영역은 고정된 개념이 아니다. 과제 수행에 있어서 학습 초기의 학습자는 더 많은 도움을 필요로 하고 학습을 통해 실제적 발달수준이 성장하게 될수록 그보다는 적은 도움을 필요로 하며 마침내는 전혀 도움을 필요로 하지 않는 개인이 자신의 고등 정신능력을 규제하는 자기규제의 단계에 이르게 된다. 이렇게 잠재적 발달수준에 있어 자기 규제가 가능한 실제적 발달 수준에 이르게 되면 이 실제적 발달수준은 다시 그 다음의 잠재적 발달수준을 달성하기 위한 또 하나의 발판이 된다. 즉, 근접발달영역은 학습자들의 발달 수준에 맞추어 변화하게 된다.

　근접발달영역은 Vygotsky의 사회문화이론의 핵심인 개인 간 국면이 개인 내 국면으로 어떻게 변화하는지를 설명하고 있으며, 개인 발달에 있어 성인이나 더 유능한 또래와의 협동의 중요성과 이러한 사회적 상호작용은 기호체계 특히 언어를 매개로 하고 있음을 보여준다. 그러나 Vygotsky

는 근접발달영역이나 잠재적 발달수준을 어떻게 측정할 수 있고 어떻게 평가해야 하는지, 성인이나 유능한 또래의 도움은 어떤 성질을 가지며 어느 정도의 수준인지 등에 대해서는 언급하지 않았다. 따라서 이러한 Vygotsky 이론을 명료화, 세분화 하는 연구를 하게 되었다.

Wertsch(1984)는 근접발달영역의 개념을 명료화하기 위하여 '상황 정의 (situation definition), 상호주관성(intersubjectivity), 기호의 매개(semiotic mediation)'이라는 구인들이 필요하다고 했다. 이 세 가지 이론적 구인들은 현재까지 이루어진 근접발달영역에 관한 이론적, 경험적 연구에 비추어볼 때, Vygotsky의 아이디어를 보다 명료화하고 확장시키는데 직·간접적으로 도움이 되는 것으로 보인다(한순미, 1999).

상황 정의는 근접발달영역 내에서 성인과 아동이 상호작용을 할 때 이들은 같은 맥락에 있지만 성인과 아동은 맥락에 대한 표현 방식이 다르고 따라서 인지과정 및 전략이 다르게 나타난다는 것이다. 아동은 성인의 상황 정의를 보면서 성인다운 상황 정의로 옮기기 위해 자신의 상황 정의를 재정의(situation redefinition)함으로서 행위 양식에 질적 변형을 가져온다는 것이다. 상호주관성은 성인과 아동이 상호작용 상황에서 서로 상황 정의를 공유하고 있으며 서로가 상황 정의를 공유하고 있다는 사실을 알고 있기 때문에 절충된 상호주관적 상황 정의를 구성하게 되며 이것을 통해 성인과 아동은 의사소통이 가능한 방식으로 상황적 맥락을 표현하게 된다. 마지막으로 Wertsch는 성인과 아동이 서로 상황적 정의가 다르더라도 적절한 형태의 '기호의 매개'가 있으면 의사소통이 가능한 절충된 상호주관성을 형성할 수 있다고 한다.

Vygotsky는 인간의 고등정신기능은 사회적 맥락 즉 개인 간 국면에서 시작하여 개인 내 국면으로 내면화 된다고 한다. 즉, 개인은 타인의 도움을 받아 문제를 해결하는 단계에서 점차 스스로 타인의 도움이 필요하지 않은 자기 조절이 가능한 수준으로 나아가는 것이다. Gallimore와

Tharp(1990)는 학습 수행능력의 발달이 근접발달영역과 그 이후에 어떻게
발전하는지에 대해 4단계로 세분화하였다. 이 모형은 타인 규제와 자기
규제에 초점을 두고 근접발달영역에서 타인규제로부터 점차 자기 규제로
나아가고 자기 규제에 이르러 다시 타인 규제로 돌아가는 순환적 발달 과
정을 설명하고 있다. 이 모형은 근접발달영역에서의 발달의 진행단계를
세분화해서 보여주면서도 자기 규제에 도달한 이후 어떻게 근접발달영역
을 다시 형성하는지를 잘 보여주고 있다.

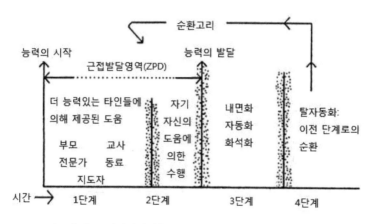

〈그림 2〉 근접발달영역을 통한 학습능력 발달의 진행 단계

1단계 : 더 능력있는 타인의 도움에 의한 수행

부모, 교사, 전문가, 더 유능한 동료의 도움을 받아 과제를 수행하는 단
계이다. 아동에게 필요한 타인 규제(other-regulation)의 종류와 양은 과제의
성격과 아동의 연령에 따라 다르다. 이 단계에서 부모, 교사, 더 능력 있
는 동료는 방향이나 모델을 제시하고 이때 아동의 역할은 묵묵히 동의하
거나 모방하는 것이다. 아동들은 점차적으로 수행의 부분들이 서로 어떤
관계를 가지며 수행이 어떤 의미를 가지는지를 이해하게 된다. 이러한 이

해는 과제 수행을 하는 동안 대화를 통해 발달한다. 수행 과제의 일부가 언어나 기호체계에 의해 습득될 때, 아동은 질문, 피드백 등을 통해 도움을 받게 된다(Wertsch, 1979, 1985b).

2단계 : 자기 자신의 도움에 의한 수행

타인에게 의존하는 단계를 벗어나 자기 규제에 의해 수행이 이루어지는 단계이다. 전환이 이루어지는 동안 아동의 상태를 자세히 살펴보면, 우리는 개인 간 국면에서 문제 해결을 위한 노력에 참여하던 아동이 개인 내 국면에서 과제를 수행하는 것을 볼 수 있다(Wertsch, 1979:18). 그러므로 두 번째 단계는 아동이 타인의 도움 없이 과제를 수행하는 단계이다. 그러나 이것은 수행이 완전히 발달되고 자동화되었다는 것을 의미하지는 않는다. 규제는 성인들로부터 아동들에게로 전달되었지만, 자기 규제 기능은 자기지향적 발화(self-directed speech)[5]의 형태로 명시적인 구두화로 남아 있다. 자기지향적 발화가 나타나는 현상은 매우 의미 있는 발달의 반영이다. 아동이 자신에게 말을 하면서 방향을 설정하거나 안내하기 시작하면 근접발달영역의 통해 규제 능력을 전환하는 중요한 단계에 도달하게 된 것이다. 또한 이러한 현상은 다음 단계에서 규제와 도움이 성인에서 아동으로 전문가에서 학습자로 이양되게 한다. 따라서 아동에게 있어서 자기지향적 발화는 스스로에 대한 안내의 기능이다(Berk, 1986; Berk & arvin, 1984; Meichenbaum, 1977).

---

5) 언어의 내면화 과정에 대해 Vygotsky(Vygotsky, 1987:113-115)는 '원시적 단계(primitive stage)', '소박한 심리 단계(naive psychology)', '자기중심적 발화(egocentric speech)', '내적 발화(inner speech)'의 4단계로 발전한다고 했다. 이 중 '자기중심적 발화(egocentric speech)'와 같은 표현으로 '자기지향적 발화(self-directed speech)', '사적 발화(private speech)'를 함께 사용한다.

3단계 : 내면화, 자동화, 화석화

자기 규제(self-regulation)가 사라지게 되면 아동은 근접발달영역에서 나오게 된다. 과제 실행이 원활해지고 통합되며 자동화된다. 성인이나 자기 자신의 도움은 더 이상 필요하지 않게 된다. 오히려 다른 사람의 계속적인 도움은 규제에 지장을 주며 혼란스럽게 한다. 심지어 자아의식(self-consciousness)조차 모든 과제 요소를 원활히 통합하는데 해가 된다. 이 단계는 자기 규제와 사회적 규제를 넘어선 단계이며, 이 단계에서 수행은 이미 발달했기 때문에 더 이상 발달하지 않는다. Vygotsky는 이 단계는 발달의 "열매"이지만 "화석화된 것"이라고 묘사하면서 사회적 정신적 변화와는 거리가 먼 고정된 것임을 강조한다.

4단계 : 탈자동화–이전 단계들로의 순환

어떤 개인에게나 평생에 걸친 학습은 다른 사람의 도움에서 자기의 도움으로 그리고 새로운 능력의 발달을 위해 다시 순환하는 근접발달영역의 연속체로 구성되어 있다. 모든 사람들에게나 어떤 시점에서나 타인 규제와 자기 규제, 그리고 자동화 과정이 혼재되어 있다. 퍼즐을 푸는데 있어서는 많은 단계를 거친 아동이 읽기 활동에 있어서는 근접발달영역에 있을 수 있다. 인지전략을 완전히 숙지한 아동은 더 이상 내적인 중재에 의존할 필요는 없다. 그러나 어려움에 부딪혔을 때 도움을 요청할 수도 있고, 더 능력 있는 타인으로부터의 규제의 말을 구할 것이다(Gal'perin, 969). 인지전략 훈련에서는 이러한 행동을 강조한다. 능력 있는 성인들도 수행을 계속 유지하고 그것을 더욱 발달시키는 데에 타인 규제 및 자기 규제로부터 도움을 얻을 수 있다. 여기서 강조할 것은 탈자동화와 이전 단계로의 순환이 규칙적으로 일어나서 그것들이 정상적인 발달과정의 네 번째 단계를 이룬다는 것이다. 수행 능력을 회복하는 데에 때때로 자기 규제만으로 충분하지 않은 경우가 있는데 이때는 더 많은 회귀, 즉 타인 규제로 대체되는 것이 필요하다. 회귀 수준이 무엇이든 간에 목표는 도움받는 수행을 통해 자기 조절로, 그리고 근접발달영역을 빠져나가 자동화로 나아간다는 것이다.

3. 비고츠키(Vygotsky) 이론의 한국어 교육적 적용

앞 절에서는 Vygotsky 이론의 핵심이라고 할 수 있는 근접발달영역에 대해 살펴보았다. 근접발달영역 내에서 발달을 효과적으로 이끌기 위해서는 타인의 도움과 상호작용의 환경이 필요하다. 이 절에서는 도움의 역할로서의 '스캐폴딩(scaffolding)'과 상호작용을 위한 환경 설정으로서의 '협동학습'의 개념을 정리하고 이러한 개념들이 제2언어 학습과 한국어교육에 적용된 예를 살펴보고자 한다.

3.1. 비계설정과 교수-학습

'비계설정(scaffolding)'은 Wood, Bruner, Ross 등이 Vygotsky 이론을 효과적으로 적용하기 위하여 제시한 개념이다. '비계설정' 즉 'scaffolding'은 한국어로 '비계'라고 하는 것이 더 정확할 것이다. 그러나 교육이론에서는 보통 '비계설정', '발판화' 또는 '발판적 도움'으로 주로 사용되고 있다. 본 연구에서는 이하 '비례설정'이라고 하였다. 이 'scaffolding'이라는 말은 원래 건축공사 현장에서 높은 곳에서 인부들이 일할 수 있도록 설치하는 임시 가설물로 재료운반이나 작업을 위한 통로 및 발판을 의미한다. 이것을 교육학에서는 아동이나 초보 학습자가 과제를 해결할 때 성인이나 더 유능한 동료가 도움을 제공하여 과제를 해결할 수 있는 방향으로 이끌어 주는 것을 비유적으로 표현한 것이다. 스스로 과제를 해결할 수 없었던 아동이나 초보 학습자는 타인의 도움을 통해 과제를 해결하고 비슷한 유형의 과제가 주어졌을 때 그것을 독립적으로 해결할 수 있게 된다. 타인 즉, 부모, 교사 또는 유능한 동료는 아동이나 초보 학습자에게 새로운 과제를 해결할 수 있는 능력의 발달을 지원하는 비계 체계가 되는 것이다.

비계설정은 Vygotsky가 "독립적으로 문제를 해결할 수 있는 실제적 발달수준과 성인의 도움이나 더 유능한 동료의 협동을 통하여 문제를 해결하는 잠재적 발달수준 간의 거리"라고 정의한 근접발달영역에 기초하고 있다. 이러한 발달을 이끄는 성인 또는 유능한 동료와의 상호작용 속에서 학습자에게 주어지는 도움이 비계설정이다. 따라서 비계설정은 상호작용을 바탕으로 하고 있다는 점에서 일반적인 도움(help)의 개념과는 다르다. 즉, 일반적 도움이 '일방향'의 특성을 지니는데 반해 비계설정은 '쌍방향'의 특성을 지니고 있다(Mitchell & Myles, 2004 : 김정권, 2006 재인용).

Vygotsky는 근접발달영역 내에서 언어 학습의 초보자와 더 숙련된 사람 사이의 상호작용은 학습을 촉진시킬 수 있으며 더 숙련된 사람의 일방적인 도움에 의해 발달이 촉진되는 것이라고 주장하였다. 다시 말해 교수-학습의 상황에서는 학습자보다 우수한 숙련된 전문가가 필요하다는 것이다. 그러나 비계설정에 관한 연구에서는 Vygotsky의 이러한 주장을 깨고 숙련된 전문가뿐만 아니라 함께 학습을 하는 비슷한 수준의 학습자들 사이에서도 문제해결을 위한 비계설정이 제공된다는 것을 보여준다. 이는 비계설정이 일방적인 것이 아니라 쌍방향적인 특성을 가지고 있음을 보여준다. 즉, 비계설정은 학습자의 교사-학습자 또는 동료-학습자 간의 사회적 활동에서 공동으로 구성된 지식의 내면화를 촉진시키기 위해 사용된다.

인지 심리학과 모국어 연구에서 시작된 비계설정의 개념은 대화나 초보 학습자에게 도움을 줄 수 있는 분위기 등의 상호작용적 환경을 통해 학습자가 현재의 과제 수행 전략이나 지식보다 더 높은 과제 수행능력을 창조해 낼 수 있게 한다(Greenfild, 1984; Wood, Bruner & Ross, 1976). Wood, Bruner & Ross에 따르면 비계설정은 다음과 같은 6가지 특징을 가진다.

> (1) 과제에 대한 흥미 유발(recruiting)
> (2) 단순한(simplifying) 과제
> (3) 목표 추구의 유지(maintaining)
> (4) 이루어 낸 것과 해결책 사이의 중요한 특징들이나 불일치한 사항들에
>   대한 표기(marking)
> (5) 문제를 해결하는 동안 좌절감의 조절(controlling)
> (6) 이상적인 형태로 수행된 행동들에 대한 설명(demonstrating)

이러한 비계설정의 특징은 초보 학습자의 능력이 발달됨에 따라 전문가는 계속적으로 비계설정을 수정해 나가야 함을 의미한다(Rogoff, 1990 : onato, 1998:41). 예를 들어 아동이 실수를 유발하고 문제 해결에 제한적 능력을 보이는 것은 성인에게 더욱 개선된 비계설정에 대한 신호를 보내는 것일 수 있다. 반대로 과제에 대한 아동의 비중이 커짐에 따라 성인은 비계설정을 점차 철회해야 한다. 이는 아동이 수행에 도움을 받아왔고 문제해결의 과정을 내면화한 아동에게 비계설정은 이미 과거의 비계설정이 되었음을 의미한다. 따라서 아동이 근접발달영역에서 과제를 해결하게 하기 위해서는 과제의 적절성과 도움의 양을 조절해야 하며, 아동의 발달수준보다 조금 더 어려운 과제를 제시하여 아동들에게 도전감을 가지게 해야 한다. 즉 아동들에게 주어지는 도움은 앞서 제시된 Rogoff(1990)의 주장처럼 아동의 발달 수준과 그들의 요구에 따라 제공의 양이 조절되어야 한다는 것이다.

Wood, Bruner & Ross(1976: 김정권, 2006 재인용)는 근접발달영역이 새로운 개념을 학습하거나 익히는데 가장 도움이 되는 것으로 추정하였으며 비계설정은 다양한 기능을 가지고 있다고 했다. 즉 비계설정을 통한 도움은

학습자들에게 과제에 대해 흥미를 유발하고 꾸준히 주어진 목표를 추구하며 과제 수행에서 겪게 되는 좌절감도 상호적 대화를 통해 조절할 수 있게 한다는 것이다. 또한 Wertsch(1979: Donato, 1998 재인용)에 따르면 비계설정에 의해 이루어진 수행은 담화로 구성된 내적 심리 기제이며 이러한 수행은 협동적 활동을 통해 공동으로 구축된 지식이기 때문에 초보 학습자들의 내면화를 증진시킨다. 이러한 주장들을 바탕으로 한다면 근접발달영역과 비계설정을 적용한 교수-학습은 초급 학습자들의 발달에 도움이 될 것이다.

Berk & Winler(1995 : 한순미, 1999 재인용)는 비계설정의 목표는 아동으로 하여금 '자신의 근접발달영역에서 과제를 해결하게 하는 것'과 '자기 규제(self regulation)을 증진시키는 것'이라고 하였다. 또한 비계설정의 2가지 목표와 더불어 이러한 목표를 이루기 위한 '공동의 문제 해결', '상호주관성', '따뜻함과 반응'이라는 세 가지 구성요소를 제안하였다. 이러한 비계설정은 아동으로 하여금 타인과의 상호작용을 통해 다른 시각에 노출되고 자신의 사고를 조절하는 활동을 가능한 한 많이 제공함으로써 자기 조절을 훈련하게 하는 또 다른 목표를 달성하게 한다.

다음은 비계설정에 대한 연구들을 몇 가지 살펴보겠다.

Aljaafreh와 Lantolf(1994)의 연구는 Vygotsky 이론을 제2언어습득에 적용한 첫 번째 시도이자 가장 진보된 연구 중의 하나이다. 이 연구는 제2언어 쓰기능력을 가르칠 때 오류수정을 제공하는 데 있어 근접발달영역이라는 개념을 적용하여 관심을 불러일으켰다(Joson, 2004). Aljaafreh와 Lantolf의 연구는 오류수정(부정적 피드백)과 제2언어 학습 간에 긍정적인 관련이 있을 것이라는 가정 하에 이루어졌다. 이 두 연구자는 학습과정에 있어 협상된 부정적 피드백의 효과에 대하여 Vygotsky의 근접발달영역 개념을 그들의 연구에 적용하였다. 연구를 위하여 세 사람의 ESL 여학생이 선택되었고 배치고사 점수로 볼 때 그들은 '실제 발달수준(actual development)'가 모두 같다고 판단되었다. 학습과정은 8주간으로 제2언어 학습자들이 관사, 시제 표시, 전치사, 서법, 조동사의 사용(appropriation) 과정에 대한 단기간의 발달적 변화(microgenesis)를 조사하였다. 이 연구의 초점은 대화적 상호작용 동안 근접발달영역에서 적절한 수준의 수정을 제공하여 말하기 능력이 아닌 쓰기 능력을 개선시키고자 하는 것이었다. 세 명의 학생들은 일주일에 한번 개별지도를 받고 자신이 선택한 주제에 대해 수업 시간에 하나의 에세이를 쓰도록 요구되었다. 각 수업이 초기에는 학습자가 자신의 에세이를 읽고 자신 스스로 에세이에서 발견되는 오류를 밝혀내게 하였다. 수정 과제를 완수하기 위해 교사와 학습자는 학습자가 필요로 하는 도움의 수준을 서로 협력하여 결정하였다. 연구자들은 학습자의 중간언어에서 네 가지 문법 요소의 미시발생학적 발달을 결정하기 위해 타인 규제 단계에서 자기 규제단계로의 전환을 포착하기 위해 일반적 다섯 단계의 척도를 정하였다. 또한 학습자에게 제시되는 피드백의 유형에 따라 조직된 규제 척도를 만들었다.

이 연구 결과 학습자들은 같은 실제적 발달수준을 가지고 있었지만 그들의 잠재적 발달수준은 달랐다. 이것은 실제적 발달수준이 같더라도 서로 다른 근접발달영역에 있어 각기 다른 규제나 도움의 단계를 요구한다는 Vygotsky의 주장을 뒷받침한다. 또한 타인 규제단계에서 자기 규제단계로 전환하는 동안 학습자의 자기지향적 발화의 출현에 집중해야 하는 것이 얼마나 중요한지를 보여준다. 이 연구의 저자들에 따르면 중간언어 발달은 학습자의 언어수행에 나타날 뿐만 아니라, "학습자와 전문가 사이에 공동으로 협상된 도움의 종류에서도 나타난다."(Aljaafreh & Lantolf, 994:480 : Johnson, 2004)

그러므로 타인 규제에서 자기 규제단계로의 전환은 모든 학습 환경, 특히 교실 환경에서 장려되고 촉진되어야 한다.

이 연구를 통해 기억해야 하는 점은 학습자마다 다른 잠재적 발달단계를 가지고 있다는 것이다. 어떤 학습자들에게는 명시적 유형의 피드백이 가장 적절하고 다른 학습자들에게는 암시적인 유형이 가장 적절할 수 있을 것이다. 중요한 것은 학습자의 근접발달영역 상황과는 관계없이 명시적인 도움의 유형에서 덜 명시적인 유형으로의 움직임이 촉진되어야 한다는 것이다. 암시적인 피드백이 명시적 피드백보다 보다 자기 규제적인 것으로 간주되므로 학습자의 언어 발달에 더욱 중요하다. Vygotsky에 따르면, 타인 규제에서 자기 규제로의 전환은 인지발달을 위한 필요조건을 나타낸다. 따라서 실제 수업에서 교사는 학습자의 실제적 발달수준보다 잠재적 발달수준에 관심을 가져야 한다. 이 연구는 Vygotsky의 관점에서 제2언어 학습과정을 연구하는 계기를 제공하였다(Johnson, 2004).

다음은 Donato(1998)의 프랑스어 습득에 있어 집단 비계(collective caffolding) 역할에 역점을 둔 연구이다. Donato의 연구는 "훈련 기간이나 실험 또는 상호작용을 하는 동안 스킬 습득의 점진적인 과정"(1998:42)으로 보이는 미시발생적 분석(microgenetic analysis)의 중요성을 인정했다. 그러한 미시발생적 분석에 의해 학생들이 제2언어 발화를 탐색하고 구축하는 과정 동안 어떻게 서로를 돕는지 직접 관찰하였다. 이러한 미시적 관찰은 학습자들이 서로를 어떻게 적극적으로 돕는지, 도움이 어떻게 개인 학습자의 제2언어 지식 발달로 이어지는지 기록할 수 있게 해주었다. 이러한 지식 발달은 상호작용 시 참여자의 혼잣말에서 명백히 드러났다. 혼잣말(private speech)이 Vygotsky의 패러다임 내에서 아동으로 하여금 자신의 현재 발달수준을 넘어서는 문제 해결 활동을 수행하는 데 있어 자신 스스로를 이끌어 갈 수 있도록 한 담론적인 발달 기제(a discursive developmental mechanism)로 쓰였다.

다음 대화는 Donato(1998) 연구의 세 명의 학습자들이 불어 'se souvenir (to remember)'라는 재귀 동사의 과거 시제를 구성하기 위해 서로 협력하는 과정을 보여주는 대화이다. 이 연구는 Vygotsky의 관점에서 비계의 도움이 부모, 성인 또는 전문가와 같이 능력 있는 개인으로부터 제공되는 것이라고 여겨졌던 것과 달리, 제2언어를 학습하는 비슷한 수준을 가진 학습자 간에도 서로 도움을 제공할 수 있다는 것을 보여준다.

Protocol

A1	Speaker 1	...and then I'll say...*tu*[6] *as souvenu notre anniversaire de mariage...*
		or should I say *mon anniversaire?*
A2	Speaker 2	*Tu as.*
A3	Speaker 3	*Tu as.*
A4	Speaker 1	*Tu as souvenu.* "you remember?"
A5	Speaker 3	Yea, but isn't that reflexive? *Tu t'as.*
A6	Speaker 1	Ah, *tu t'as souvenu.*
A7	Speaker 2	Oh, it's *tu es*
A8	Speaker 1	*Tu es*
A9	Speaker 3	*tu es, tu es, tu.*
A10	Speaker 1	*T'es, tu t'es*
A11	Speaker 3	*tu t'es*
A12	Speaker 1	*Tu t'es souvenu*

A5의 Speaker3는 동료 학습자들에게 '재귀적 용법'을 사용해야 함을 기억시켜준다. Speaker3의 결정적인 도움의 발언으로 학습자들은 재귀적 용법을 만들어 낸다. A6의 Speaker1은 재귀적 용법을 사용해 보지만, 인칭의 변화에서 'es' 대신 'as'를 사용했다. 이에 A7의 Speaker2는 2인칭에 맞는 'es'로 바꿔본다. 학습자들의 협동적 대화는 결국 재귀 동사의 올바른 형태에 이르게 된다.

---

6) 'tu'는 2인칭 대명사이며 붙어는 인칭에 따라 동사의 활용이 달라진다. 'entre(to be)'에 해당하는 2인칭은 'es'이며 'avoir(to have)'에 해당하는 2인칭은 'as'이다. 그리고 'te'는 재귀적용법을 만드는 2인칭의 대명동사이다.

이 연구는 불어 재귀동사의 복합 과거시제 형성과 같은 언어 특성 지식이 어떻게 사회적 상호작용의 과정을 통해 습득되는지를 잘 보여준다. 그 상호작용 안에서 모든 참여자에 의해 생성된 집단의 비계는 참여자 자신의 제2언어 지식 발달에 변화를 가져온다. 즉, 이 연구는 지식 형성이 어떻게 개인 학습자들 사이에 그리고 개인 내적으로 주요한 언어 변화를 가져오는지를 보여준다(Johnson, 2004).

여기서 중요한 점은 학습자들이 구조화시키지 못한 과제들 속에서도 활동에 대한 내적인 목표를 유지하면서 서로를 도와가고 있었으며, 그러면서도 그들은 언어적 협상과 의미의 발견을 위해 서로의 지식을 나누는 상호적 맥락을 창조하고 있음이 관찰되었다는 것이다. 그러므로 미시적 분석에서 나타나는 세 학생의 발화는 주어진 전체 과제에 대한 내적이고 자연 발생적인 하위 목표를 성취했음을 대변한다(Donato, 1998:43).

Donato의 연구는 제2언어 발달에 있어서 앞서 거론한 바와 같이 비계 설정이 꼭 전문가에 의한 것이 아니라는 것을 보여주면서 집단 비계의 중요성을 입증한다. 위의 학습자들의 대화에서 보여지는 것처럼 학습자들 간에도 상호적 대화를 통해 비계 도움을 형성할 수 있으며 이러한 비계 상호작용을 통해 습득된 지식은 오랫동안 기억된다고 한다. 학습자들은 대화를 통한 상호작용을 통해 독립적으로 발화할 수 있는 능력을 발달시키게 되었고 이는 개인의 지식 형성은 사회적인 대화를 통해서 도출된다는 Vygotsky의 주장을 증명한다.

Schinke-Llano(1998)의 12명의 영어 원어민 학생과 12명의 제한된 영어 능력을 보이는 비언어민 학생들을 대상으로 한 카탈로그 주문서 작성의 과제를 해결하는 동안에 나타나는 상호작용 특성에 관한 연구, 평균이하의 성취수준을 가진 6명의 아동과 정상적 성취수준을 가진 6명의 아동들과 엄마의 짝으로 이루어져 복사본을 바탕으로 미완성의 공항 장면 모형을 완성하는 과제를 수행하는 연구가 있다. 이 두 연구에서 제한된 영어

능력을 보이는 아동과 평균 이하의 수준을 보인 아동들은 더 많은 타인 규제와 덜 축약된 발화, 더 명시적인 도움을 통해 과제를 완수하였다. 그러나 이 두 연구에서 도움이 정말 필요했는지를 알 수 없기 때문에 학생들이 정말 도움을 필요로 했는지에 대한 의문이 야기된다. 너무 많은 타인 규제는 학생과 아동의 언어적, 인지적 발달을 방해할 수도 있다. 과다한 도움은 학생들의 인지기능 발달에 필요한 자기규제 단계로의 전환을 방해할 수도 있다.

Berk & Winsler(1995)는 Rogoff 등의 연구 결과를 예시하면서 과테말라의 Mayan 부모들은 어린 자녀들과의 상호작용에서 언어를 적게 사용하고 보다 많이 시범을 보이며 눈에 드러나지 않게 지시하고 지켜보는 방식으로 비계를 설정한다고 지적한다. 이러한 지적은 비계 설정에 있어 문화적 차이가 있을 것이라는 점을 시사한다(한순미, 1999:160).

이 밖에도 비계설정과 관련된 많은 연구들이 있다. 이러한 연구들은 교수-학습 상황에 있어 학습자들의 잠재적 발달 능력에 관심을 두어야 한다는 점, 학습자들은 각기 다른 성장 배경을 가지고 있어서 실제적 발달 수준이 같더라도 과제 수행에서 요구하는 비계의 양과 내용이 달라질 수 있다는 점, 비계의 도움은 능력이 있는 교사나 전문가가 아니더라도 수준이 비슷한 학습자들 간에도 형성될 수 있다는 점, Vygotsky의 주장처럼 고등인지 능력은 사회적 상호작용을 통해 개인 내부로 내면화 되는 것이기 때문에 맥락을 중심으로 한 사회적 상호작용이 중요하다는 점 등을 시사한다.

3.2. 사회적 상호작용과 협동학습

인지발달에 대해 구성주의적 시각은 개인과 환경의 상호작용과 지식의 사회적 맥락을 강조하며 지식의 형성을 위한 협동적 과정에 초점을 두고 있다. 그러나 인지적 구성주의자인 Piaget는 인지발달의 중심을 인지적 부조화에서 찾은 반면에 사회적 구성주의자인 Vygotsky는 사회적 상호작용에서 찾았다. Piaget에 의하면 협동적 활동 상황에서 아동은 다른 사람과 상호작용을 하면서 인지적 갈등을 경험하게 되고 이러한 인지적 갈등은 아동 개인의 인지구조와 불균형을 초래하게 된다. 이러한 불균형을 균형의 상황으로 바꾸기 위해 아동은 자신의 인지구조를 조절하거나 재조직하게 된다고 한다. 따라서 Piaget는 협동적 활동을 통한 사회적 상호작용은 인지 발달을 이끄는 효과적 수단이 된다고 한다.

그러나 Vygotsky는 인지발달의 초점을 인지적 갈등이 아닌 협동적 활동 과정에 두었다. Vygotsky는 아동이 공동의 과제 해결을 위해 타인과 의견을 조절하면서 발생하는 인지적 갈등은 점차 상호주관성에 도달하게 되고 이때 아동의 인지가 발달하게 된다고 한다. 다시 말해 Vygotsky적 관점에서는 아동이 공동의 문제 해결을 위해 상호작용하는 과정이 발달을 이끌어 주고, 상호작용이 활발히 이루어지기 위해서는 협동적 문제 해결 상황이 형성되어야 함을 강조한다.

Vygotsky는 인간의 고등정신기능 발달은 사회적 국면에서 타인과의 사회적 상호작용을 통해 나타나고 그 후에 개인 내 국면으로 내면화된다고 하였다. 또한 근접발달영역을 소개하면서 성인이나 더 유능한 동료와의 협동을 통해 개인의 실제 발달수준에서는 해결할 수 없는 문제를 해결할 수 있다고 하였다. 즉, 개인의 발달은 다른 사람과의 사회적 상호작용에서 비롯되며, 개인은 사회적 상호작용을 통해 발달을 촉진시킬 수 있다는 것이다. 교수-학습에서 학습자들은 교사나 자신보다 더 나은 수준의 동료 학습자와 과제 해결을 위한 협력적 대화를 하게 되고 협력적 대화를 통해 자신이 해결할 수 없던 부분에 대한 도움을 받아 효과적으로 학습을 이루어 내게 된다는 것이다.

이처럼 사회적 구성주의 특히 Vygotsky의 사회문화적 발달이론을 바탕으로 하고 있는 관점에서는 학습과 같은 고등정신기능의 발달을 위해 사람들 사이의 사회적 상호작용을 매우 중시한다. 이러한 이론에 바탕을 둔다면 교수-학습에 있어서 협동학습은 필연적이라 할 수 있다. 학습자들이 사회적 상호작용을 활발히 하려면 교수-학습의 많은 부분이 협동학습으로 이루어져야 하는 것은 당연한 것이며, 앞 절에서 살펴본 근접발달영역 내에서 발달을 촉진하기 위한 비계설정은 타인과의 상호작용 즉, 협동적 과제 수행 과정에서 이루어진다. 따라서 비계설정의 개념은 이미 협동학습을 전제로 하고 있다고 할 수 있다.

협동학습은 "아동들을 소집단으로 나누고 그 아동들이 공통된 목적을 성취하기 위해 함께 활동하는 교수방법(Educational Research Service, 1990: 이성, 1999:292)", "아동으로 하여금 서로 토론, 논쟁, 언쟁하면서 궁극적으로는 서로 상호작용하게 하는 하나의 프로그램(Slavin, 1991)" 또는 "교사에 의해 주어진 학습과제에 대해 이질적인 2-6명의 아동이 집단으로 활동하는 교수형태"로 정의된다(Guskey, 1990). 이러한 협동학습 정의들의 공통적인 내용은 '공동의 과제', '상호작용'이며 협동학습이라는 교수-학습 방법이 사회적 구성주의에 근간을 두고 있음을 짐작할 수 있다.

협동학습의 이론적 배경과 관련하여 Bruffee는 사고의 본질과 대화의 중요성, 로티의 정상담화, 새로운 지식관의 세 가지 관점에서 논의하였다. Bruffee는 세 가지 관점에 대한 논의를 통해 협동학습이 사회적 관점에서 훌륭한 학습방법이라는 것을 증명하고자 했다. Bruffee(1984:638-639)는 "인간의 사고는 선천적인 것이 아니라 사회적 양식에 의해 구성된 인공물이다."라고 한다. 이는 인간의 인지적 지식은 사회적 관계를 통해 형성된다는 것이다. 또한 그는 정신 속에는 대화의 관습과 형식이 남아 있으며 반성적 사고는 내면화된 사회적 대화라고 말한다. 이러한 그의 주장들은 Vygotsky 이론을 바탕으로 하고 있음을 알 수 있다. 그의 주장들은 사회적 구성주의 입장을 그대로 반영하고 있으며 사회적 구성주의가 추구하는 교육방법을 협동학습에서 찾고 있다. Bruffee의 관점에 의하면 협동학습의 근간은 사회적 구성주의에 있다고 할 수 있다.

Vygotsky 이론을 바탕으로 하고 있는 다음의 연구들은 협동적 상호작용이 근접발달영역에서 학습자의 발달을 촉진시킨다는 것을 증명한다.

Amy Ohta(2000: Johnson, 2004 재인용)는 협동적 상호작용의 역할과 그것이 제2언어학습발달과정에 미치는 영향을 연구하였다. 이 연구에서 2명의 일본어 학습자에게 일본어 불변화사의 정확한 추가를 요구하는 번역 과제가 주어졌다. 이 과제는 정보교환에 있어 어떠한 의사소통연습도 제공하지 않는 탈맥락적인 문법연습적인 과제였다. 그 결과 주어진 과제가 특별히 의사소통적이지 않았음에도 불구하고 많은 협동적 상호작용에 의한 도움이 발생되었다. 두 참여자의 서로 간의 도움은 아무렇게나 제공된 것이 아니라 두 참여자가 예측 가능하고 발달상 서로 알아차리기 쉬운 방식으로 도움을 청하고 제공하였으며 이 도움은 교사에 의해 제공된 것이 아니라 학습자들 스스로의 요구에 의해 제공되었다. 또한 그들의 협상적 도움은 단계적, 일시적으로 이루어졌으며 도움의 형태는 명시적인 것에서 암시적인 것으로 진행되었다. 또한 발달 단계에 따라 도움의 형태도 달라졌으며 과제가 끝날 즈음에는 자기에게 맞는 적합한 수준의 도움을 생성한 협동학습의 결과 두 학생은 타인규제에서 자기규제로 전환할 수 있었다. 이 연구의 결과는 동료 간 협동학습 상황에서 효과적인 동료 간의 도움기제에 대한 통찰을 제공한다. Ohta의 연구는 근접발달영역 내에서의 상호작용 연구가 교사와 학생 간의 상호작용에서 학습자 간의 상호작용으로 관심을 돌려야 함을 시사한다. 또한 협동적으로 구성된 상호작용을 하는 동안 근접발달영역 내에서의 협상된 도움이 제2언어 발달에 있어 얼마나 중요한지를 시사해 준다.

Swain(2000)은 입력에 초점을 맞추고 있던 기존 연구에서 탈피하여 제2언어 학습자에 의해 발화되는 출력(output)에 초점을 두었다. 그녀는 '출력'이라는 단어가 정보처리적인 인상을 너무 많이 가지고 있어서 Vygotsky의

사회문화이론에서 말하는 협동적인 상호작용을 통해 창조된 사회적 상호
작용이라는 의미로 인식되기 어렵다고 생각하였다. 그녀는 지식 형성의
도구로서 협동적 대화의 중요성을 강조하였다. 제2언어 학습에서 협동적
인 대화에 적극적으로 참여함으로써 학습자는 언어로 할 수 있는 것과 함
께 언어로 할 수 없는 것을 발견하게 되고, 이러한 새로운 발견은 자신의
언어적 결함을 알아차릴 수 있도록 하는 맥락을 제공함으로써 학습을 촉
진한다. 다음은 불어 몰입교육을 받는 두 명의 학생들의 'des nouvelles
menaces' 구문의 문제를 해결하기 위해 함께 협동하는 방식을 기술한다.

(1) Rachel   Cher[chez] nou... des nouveaux menaces.
             [Look up new (as in) new threats.)]

(2) Sophie   Good one!

(3) Rachel   Yeah, nouveaux, des nouveaux, de nouveaux. Is it des nouveaux or de nouveaux?

(4) Sophie   Des nouveaux or des nouvelles?

(5) Rachel   Nou[veaux], des nou[veaux], de [nou]veaux

(6) Sophie   It's menace, un menace, une menace, un menace, menace ay ay![exasperated]

(7) Rachel   Je vais le pauser.
             [I'm going to put it on pause(the tape-recorder)]

             [They look up "menace" in the dictionary.]

(8) Sophie   C'est des nouvelles![Triumphantly]

(9) Rachel   C'est frminin... des nouvelles menaces.

이 발췌 부분이 보여주듯이, Rachel은 'menaces'라는 단어를 생각해 냈
고 이 단어를 사용함으로써 그들은 협동적으로 'nouvelles'뿐만 아니라
'des'의 문법문제를 해결하였다. 이 발췌 부분은 언어학습에 있어 협동적

대화의 역할이 중요함을 보여준다. 이들의 상호작용은 Swain이 말한 출력을 낳고, 이 출력 발화의 구두화(verbalization)는 두 참여자 모두의 지식 형성에 효과적으로 작용하였다. 이들의 상호작용 역시 사회적 상호작용 가운데 자연적으로 유발된 것이고 이 구두화는 학습자가 언어 문제를 규명하고 이 문제를 협동적 대화의 상호작용을 통해 해결할 수 있게 만들었다. Swain은 협동적 대화의 특성과 그것이 제2언어 발달에 미치는 영향에 관하여 더 많은 연구가 필요하다고 했으며 이와 더불어 교실에서 협동적 대화를 적용할 것을 요구한다(Swain, 2000: Johnson, 2004:206-208).

Forman과 Cazden(1985: 한순미, 1999)의 연구에서 아동들은 '동료 교수(peer utoring)' 상황에서 매우 효과적으로 서로를 가르칠 수 있음을 보여주었다. 가끔 한 아동이 다른 아동에 비해 더 많이 알고 있는 교사의 역할을 하였다. 그러나 능력 수준이 동일한 아동들도 때로는 질문자가 되었다가 또 때로는 시범자가 되었다가 또 때로는 반응자나 청취자가 되는 등 서로 역할을 바꾸어 가면서 상보적인 방식으로 공동 활동을 할 수 있었다.

이러한 협동 활동이 가능한 시기와 관련해서 Piaget와 Vygotsky는 다른 견해를 보인다. Piaget는 발달의 단계를 분명히 나누고 있으며, 아동이 자기중심성을 극복할 수 있는 시기인 구체적 조작기에 이르러서야 협동 활동이 가능하다고 말한다. 이에 반해 Vygotsky는 협동 활동이 가능해지는 시기를 따로 언급하지 않고 모든 연령에서 가능한 것으로 보았다.

살펴본 바와 같이 Vygotsky의 근접발달영역이나 이를 바탕으로 하고 있는 비계설정은 학습에 있어 사회적 상호작용과 협동적 활동을 중시하고 있다. 본 연구는 학습자 상호 간의 협력적 대화를 통해 학습의 효과를 높일 수 있는 교수-학습 방법을 찾는 데 그 목적이 있다. 따라서 본 연구가 학습자 간 협력적 대화를 통해 학습의 효과를 높일 수 있는 교수-학습 방법을 Vygotsky 이론에서 찾고자 한 것은 타당하다고 할 수 있다.

3.3. 비고츠키 이론을 적용한 한국어교육

Vygotsky 이론을 적용한 한국어교육 연구는 앞서 밝힌 것처럼 많지 않다. 이 장에서는 Vygotsky의 근접발달영역이론과 비계설정이론을 적용한 한국어교육 연구들을 살펴보겠다.

먼저 박선희(2008)는 교실 수업 맥락에서 개별 학습자들의 언어 발달 수준에 적합한 오류수정적 피드백을 제안하기 위한 방안을 모색하였다. 이 연구는 Aljaafreh와 Lantolf(1994)의 연구를 기반으로 피드백을 실제 수업에서 어떻게 절차적으로 운영할 것인지를 모색하였다. Aljaafreh와 Lantolf (1994)는 제2언어 쓰기능력을 가르칠 때 오류수정을 제공하는 데 있어 Vygotsky의 근접발달영역 개념을 적용하였다. 대화적 상호작용 동안 근접발달영역에서 학습자의 발달정도에 따라 적절한 수준의 수정을 제공하여 말하기 능력이 아닌 쓰기 능력을 개선시키고자 하였다. Aljaafreh와 Lantolf(1994)는 학습자에게 제시되는 피드백의 유형에 따라 조직된 규제 척도를 만들었으며 개인의 미시발생적 발달은 가장 명시적인 단계(12단계)에서 가장 암시적인 단계로 이동할 때 감지된다고 하였다. 박선희(2008)에 따르면 Aljaafreh와 Lantolf(1994)의 연구는 학습자들의 작문에 나타난 오류에 대해 개별 학습자를 대상으로 개인지도 시간을 마련해 오류수정적 피드백을 제공하는 것이었기 때문에 전체 수업 상황에서의 오류수정적 피드백의 모형으로 삼는 데는 한계가 있다고 하였다. 또한 이 연구는 학습자들의 작문 상황 즉, 쓰기에 대한 피드백을 염두에 두고 있으므로 말하기에 대한 피드백 제공을 위해서는 조정이 필요하다고 하였다. 박선희 (2008)는 이러한 Aljaafreh와 Lantolf(1994)의 오류수정적 피드백 척도를 바탕으로 전체 학급을 대상으로 한 말하기 수업 상황에 적합한 오류수정적 피드백 제공의 모형을 제시하였다.

김정숙(2010)은 재외동포 한국어 학습자가 주로 아동이며 이들이 습득의 환경 속에서 어느 정도의 한국어를 익히며 사회적 학습 환경에 노출된다는 점에 초점을 두고 재외동포 아동을 대상으로 한 한국어교육 방법을 설계하였다. 김정숙(2010)은 사회적 상호작용을 중시하는 Vygotsky의 사회적 구성주의 이론을 근거로 하여 학습자의 근접발달영역 안에서 아동 학습자 간, 혹은 교사와 아동 학습자 간의 상호작용을 통해 한국어 능력을 발달시킬 수 있는 교육 활동을 제시하고자 하였다. 사회적 상호작용과 비계설정을 활용하여 해외동포 아동을 대상으로 한 한국어 교육 방안을 제시하였으며 이에 근거해 사회적 상호작용을 활용한 어휘 및 문법 학습 활동 유형과 그 구체적 사례를 제시하였다. 김정숙(2010)에서 사회적 상호작용과 비계설정을 활용하여 제시한 해외동포 아동을 대상으로 한 한국어 교육 방안은 다음과 같다. 첫째, 아동을 학습 과정에 능동적으로 참여시켜야 한다. 둘째, 아동이 적극적으로 학습 활동에 참여할 수 있도록 흥미 있는 주제와 활동 유형을 교육에 활용해야 한다. 셋째, 근접발달영역 안에서 아동과 어른, 아동과 아동과의 협력 활동(사회적 상호작용)이 활발히 이루어질 수 있도록 학습 활동을 구성해야 한다. 이 연구는 재외동포 아동들이 한국어를 배우기 시작하는 사회적 학습 환경을 고려하여 사회적 상호작용을 활용한 한국어 교육 방안을 어휘 및 문법 연습의 유형을 중심으로 구체적으로 제시하였다는 점에서 의의가 있다고 할 수 있다.

김지영(2011)은 Vygotsky의 사회문화이론을 이론적 배경으로 하여 과제중심 접근법에 기반을 두고 한국어 교육과정 개발 방안을 제안하였다. 김지영(2011)은 형식적인 언어 교수를 무력화시킨다는 것과 언어 교수, 사용, 습득 간의 관계에 대한 명시적인 설명을 제시하지 못한다는 한계를 극복해야 과제중심 접근법을 교육과정에 적용시킬 수 있다고 하였다. 그리고 이러한 과제중심 접근법의 한계를 Vygotsky의 사회문화이론의 적용을 통해 극복하고자 했다. 김지영(2011)은 Vygotsky의 사회문화이론은 심리학을 비롯하여 언어학, 사회학, 철학 등 폭넓은 분야에 걸친 깊이 있는 연구를 통해 인간의 고등 정신 기능인 언어의 발달, 발달에 있어서의 상호작용의 역할과 의의, 교수-학습과 발달의 관계 등과 관련해 통찰을 제공해 줄 수 있기 때문에 구성주의가 가진 한계를 극복할 수 있다고 하였다. Vygotsky의 사회문화 이론은 발달 단계에 대한 명시적인 설명을 제시해 줌으로써 과제중심 접근법에서 무력화되었던 형식적 교수의 필요성을 보장하고 교수, 사용, 습득의 연결고리를 제공한다고 하였다. 이 연구는 Vygotsky의 사회문화이론과 과제중심 접근법을 바탕으로 한국어 교육 환경과 학습자 요구를 분석하여 과제중심 접근법에 기반한 한국어 교육 과정 개발 방안을 제안하고 있다.

서광진(2011)은 한국어 교실 대화를 녹음 후 전사하여 교사와 학습자 발화의 상호작용적 측면을 Vygotsky의 비계설정과 롱(Long)의 상호작용 가설을 토대로 분석하였다. 서광진(2011)은 제2언어 학습에서 비계 설정은 교사가 학습자들이 목표 언어 사용의 성취도를 높을 수 있게 수업을 진행해 가기 위한 전략이고 상호작용 가설은 제2언어 의사소통 초보자인 학습자들이 원어민 교사와의 온전한 상호작용을 이루기 위해서 사용하는 전략이라고 보았다. 따라서 비계설정은 교육 설계이고 상호작용 가설은 의사소통 전략이라는 측면에서 차이가 나지만 기본적으로 원어민 화자와 비언어민화자의 관계에서 효율적인 의사소통을 위한 입력조정의 과정을 상정하고 있다는 면에서 서로 유사하다고 하였다. 서광진(2011)에서는 교실 담화 자료에서 뚜렷이 관찰되는 비계설정의 세 가지 측면인 모델링(modeling), 순서 배당(allocating turns), 수정적 피드백(corrective feedback)을 중심으로 한국어 교실의 대화 자료를 분석하였다. 그리고 이러한 교실에서의 상호작용을 통해 드러나는 대화를 깊이 관찰함으로써 한국어 습득과정을 이해하고 이를 수업에 효과적으로 반영할 수 있다고 하였다.

이은자(2012)는 Vygotsky의 근접발달영역이론과 비계설정이론을 바탕으

로 외국인 유학생의 토론 능력을 향상시키는 토론 수업의 설계와 그에
따른 단계별 지도방법을 제시하였다. 한국어 토론 수업의 과정은 토론의
지식 습득 단계와 토론 실행의 단계 그리고 피드백과 평가의 단계로 제
시되었다. 이은자(2012)는 외국인 유학생들이 일반 한국 학생들처럼 처음
부터 형식을 갖춘 찬반토론을 수행하기란 불가능하기 때문에 외국인 학
생에게 적절한 비계설정을 제공하여 궁극적으로 학생 스스로 토론을 자
기주도적으로 수행할 있도록 하기 위하여 이러한 방법을 제시한다고 하
였다.

이상린(2012)은 언어가 개인이 속한 사회 구성원들과의 상호작용을 통해
발달되고 언어의 습득 또한 개인이 속한 사회 속에서 상호작용을 통해 이
루어진다고 하며 제2언어 습득의 원리를 설명하는데 있어서 사회적 구성
주의에 근거하여 교수 – 학습의 상호작용을 연구하는 것은 중요한 의미를
갖는다고 하였다. 이 연구는 Vygotsky의 사회문화이론을 적용한 한국어
읽기 영역의 교수 – 학습 방법을 제시하였다. 먼저 Vygotsky 이론과 이를
적용한 제2언어 습득이론에 근거하여 한국어 교수 – 학습 과정을 타인규
제 단계 - 부분적 규제 단계 - 자기규제 단계의 세 부분으로 나누어 교수 –
학습 모형을 제시하고 실제 교수 – 학습을 관찰하였다. 이상린(2012)에서
한국어 교수 – 학습 과정을 '타인규제 단계 - 부분적 자기규제 단계 - 자기
규제 단계'로 나눈 것은 박선희(2008)에서도 언급하였던 Aljaafreh와
Lantolf(1994)의 연구를 참고한 것이다. Aljaafreh와 Lantolf(1994)는 대화적
상호작용 동안 근접발달영역에서 적절한 수준의 수정을 제공하여 쓰기
능력을 개선시키고자 했으며 이 연구를 통해 타인규제 단계에서 자기규
제 단계로의 학습자 발달 단계를 다섯 단계를 척도로 제시하였다. 그 결
과 교수 – 학습 과정에서의 상호작용 비계활동은 학습자의 능력 향상에
긍정적인 영향을 미쳤으며 학습자의 사회문화적 배경을 고려한 읽기 교
수 – 학습은 학습자의 읽기 능력 향상에 효과가 있었다. 또한 학습자들은

근접발달영역에서 비계활동을 통하여 실제적 발달 수준에서 잠재적 발달 수준으로 발전 양상을 보였다.

이상 Vygotsky의 근접발달영역을 한국어교육에 적용한 예들을 살펴보았다. 이처럼 Vygotsky 이론을 한국어교육에 적용한 연구는 많지 않으며 한국어 교수-학습의 과정에 적용한 연구는 박선희(2008), 이상린(2012) 정도이다. 이 또한 Vygotsky 이론을 적용한 다른 연구를 응용한 것에 불과하다.

Ⅲ. 연구 절차

1. 한국어 교수 - 학습 전략의 유용성 검증

1.1. 유용성 검증 실험

본 연구에서는 협동학습 전략과 비계설정 전략을 학습자 간 활발한 상호작용을 통해 흥미와 성취도를 높이기 위한 교수 - 학습 전략으로 활용하고자 한다. 협동학습 전략과 관련해서는 어떠한 집단 편성 방법이 학생들의 성취도를 더 높일 수 있을지를 살펴볼 것이고, 비계설정 역할로서 어떤 수준의 선행학습자가 학습 성취도를 더 높일 수 있는지를 실험을 통해 알아볼 것이다. 이러한 실험에 앞서 본 연구자가 설정한 협동학습 전략과 비계설정 전략이 실제로 한국어 교수 - 학습에서 학생들의 성취도를 높일 수 있는지 그 유용성을 살펴보았다.[7] 학생들 각자가 문제를 해결하는 개별학습, 소그룹 집단을 형성하여 동료들과 함께 과제를 해결하는 협동학습, 그리고 비계설정 역할로서 선행학습자를 활용한 협동학습을 했을 때, 이 세 가지 교수 - 학습 방법에 따른 학생들의 성취도를 비교해 보았다.

세 가지 교수 - 학습 방법의 수업은 모두 학생들의 이해를 돕기 위해 교사의 설명에서 PPT 자료를 사용하였다. 또한 교사는 수업 중 학생들의

---

7) 이 연구에서는 학습자들의 성취도를 높이기 위하여 협동학습과 비계설정으로서의 선행학습자를 전략으로 설정하였다. 협동학습전략과 비계설정전략을 교수 - 학습에서 어떻게 활용하는 것이 학습자들의 성취도를 높이는 데에 효과적일지 살펴보는 것이 본 연구의 목적이다. 그러나 협동학습 집단 구성 방법이나 효과적인 비계설정으로서의 선행학습자의 수준을 찾기 전에 협동학습과 비계설정 전략이 한국어교육에서 학습자의 성취도를 높일 수 있는지에 대한 검토가 먼저 필요하다. 따라서 본실험 전에 두 전략의 유용성을 검증하는 것이다.

도움 요청에 따라 해결의 실마리를 암시적으로 제공하여 학생들이 해결한 과제에 대해 확인하고 잘못된 부분은 스스로 수정할 수 있도록 하였다. 그리고 협동학습과 선행학습자를 활용한 협동학습은 학생들이 자유롭게 협력적 상호작용을 할 수 있게 하고 개별학습은 학습자 간 상호작용을 통제하였다. 수업 후에는 학생들의 성취도를 측정하기 위해 총 10문항으로 이루어진 형성평가를 하였다.

개별학습은 일반적인 강의식 수업의 형태로 교사의 설명 후에 학생들은 기본 문제를 풀고 연습을 한 후 심화 문제를 풀고 형성평가를 하는 과정으로 이루어졌다. 개별학습에서는 주어진 과제를 해결할 때 학생들이 사전이나 인터넷 등을 사용하여 필요한 정보를 얻는 것을 허용하였다. 협동학습 전략을 사용한 수업은 학생들이 자율적으로 4-5명으로 이루어진 소집단을 형성하고 교사의 설명 후에 주어진 과제를 함께 해결하고 연습의 과정을 거쳐 형성평가를 실시하였다. 비계설정 전략을 활용한 수업은 협동학습 전략을 사용한 수업과 마찬가지로 학생들이 자율적으로 소집단을 구성하게 하였으나, 지나치게 상위나 하위능력의 학습자가 몰리는 경우는 집단을 재구성하도록 유도하여서 소집단 간 능력의 균형을 이루도록 하였다. 그리고 4개의 소집단 중에서 3개의 소집단에는 선행학습자를 비계의 역할로 설정하고 선행학습자 3명 중 1명은 지난 학기 성적이 매우 낮았던 하위능력의 학습자로 설정하였다. 나머지 1개의 소집단에는 선행학습자를 설정하지 않았다. 한 개의 소집단에는 선행학습자를 설정하지 않았고, 또 다른 한 개의 소집단에는 선행학습자를 설정하였으나 매우 낮은 능력의 선행학습자를 설정한 것은 더 유능한 동료의 역할로서의 선행학습자가 성취도를 높이는데 유용한 전략인지와 하위능력 학습자도 비계설정으로서의 그 효과성을 찾아볼 수 있는지를 함께 검증해 보기 위해서이다. 세 명의 선행학습자에게 약 15분 동안 학습할 내용의 기본 요소를 미리 학습시켰다.[8]

본 수업에서는 협동학습 전략을 활용했던 수업과 같은 형태로 수업을 진행하였다. 협동학습 전략과 비계설정 전략을 활용한 수업은 소집단 구성원 모두가 주어진 과제를 이해하고 해결할 수 있도록 서로 도움을 주고받으며 활발한 상호작용을 통해 공동의 문제를 해결해야 함을 강조하였다. 비계설정 전략을 활용한 수업에서는 상호작용과 협동적 과제 해결에 대한 강조와 더불어 소집단 구성원들 간에 자신이 속한 소집단 구성원들의 이해 여부를 서로서로 확인해야 하며 특히 비계설정의 역할로서 선행학습을 한 학생은 소집단 구성원들이 도움을 요청할 때 적극 도움을 제공해야 하는 책임감을 부여하였다.

본 연구에서 설정한 협동학습과 비계설정 전략이 학습자 성취도 향상에 유용한지를 살펴보기 위해 각 학습이 끝난 후 실시한 개별 형성평가 점수를 SPSS Version 18을 사용하여 일원변량분석을 하였다. 개별평가에서 학습자들은 동료 학습자들의 도움을 받을 수 없도록 통제하였으며 평가 문항은 본실험에서와 마찬가지로 목표 학습 항목에 대한 기본적인 적용 능력을 측정하는 문항과 맥락적 상황에서 목표 항목을 활용할 수 있는지를 측정하는 문항으로 구성하였다. 다음은 세 가지 한국어 교수-학습 방법의 유용성 검증에 대한 결과이다. 그 결과는 다음과 같다.

〈표 2〉 교수-학습 방법에 따른 성취도 평균과 표준편차

	학생수 N	평균 M	표준편차 SD
개별학습	17	7.52	1.280
협동학습	17	7.94	1.028
비계협동학습	17	8.88	1.053
전체	51	8.11	1.243

---

8) 본 수업 전 선행학습의 내용과 관련해서는 본 실험과 같은 방법을 사용하였고 본 실험에서 구체적으로 설명할 것이다. 선행학습의 내용은 본 수업에서 교사가 학습자들에게 설명하는 기본적인 학습내용이다. 예를 들면 문법항목의 활용방법과 의미를 알려주는 정도이다.

<표 2>에서 보는 바와 같이 세 교수-학습 방법에 따른 성취도는 차이가 있었다. 각 교수-학습 방법에 따른 성취도 평균은 개별학습 7.52, 협동학습 7.94, 비계설정 소집단이 포함되어 있는 협동학습 8.88로 개별학습이 가장 낮고 비계설정 협동학습이 가장 높은 결과를 보였다. 그러나 개별학습과 협동학습은 평균의 차이가 크지 않기 때문에 변량분석과 사후검증을 통해 세 가지 학습방법의 효과성을 검증해 보았다.

〈표 3〉 교수-학습 방법에 따른 성취도 분산분석

	제곱합	자유도	평균제곱	F	사후검증
집단-간	16.353	2	8.176	6.440**	a, b < c
집단-내	60.941	48	1.270		
합계	77.294	50			

**p < .01

a: 개별학습, b: 협동학습, c: 비계협동학습

변량분석 결과인 <표 3>에서 F값은 6.440(p < .01)로 교수-학습 방법에 따른 성취도 평균의 차이는 통계적으로 유의한 것으로 나타났다. 구체적인 집단 간 차이를 살펴보기 위해 Scheffe 사후검정을 실시한 결과 개별학습과 협동학습 사이의 평균 차이는 유의미하지 않고, 개별학습-비계설정 협동학습, 그리고 협동학습-비계설정 협동학습 사이의 차이는 유의미한 것으로 나타났다. 따라서 개별학습이나 협동학습보다 선행학습자가 비계로 설정되어 있는 소집단 협동학습이 학습의 성취도를 높이는 데 효과가 있음을 알 수 있다.

그런데 각 교수-학습의 목표 학습 항목을 검토해 보니 개별학습의 목표 항목은 '-고 있다'로 협동학습과 비계설정 협동학습의 목표 항목인 '-(으)ㄹ 거예요'와 '-(으)ㄴ 후에'에 비하여 피험자인 태국인 학습자들에게 쉬운 항목으로 나타났다.[9] 학습자들의 모국어인 태국어가 고립어이기 때

---

9) 이 논문의 실험은 학생들의 인원수가 많지 않기 때문에 실험집단과 통제집단으로 나

문에 학습자들에게 어간 끝음절의 받침 유무를 확인하여 다른 형태의 어
미를 결합하는 것이 익숙하지 않다. '-고 있다'는 '-(으)를 거예요'와 '-(으)
ㄴ 후에'와 달리 어간에 '고 있다'만을 결합하면 표현을 만들 수 있기 때
문에 조금은 학습자들에 쉽게 느껴졌을 것이다. 또한 '-고 있다'와 같이 동
작의 진행 상태를 나타내는 문법적 요소가 태국어에 있기 때문에 그 의미
와 활용의 이해가 쉽게 느껴졌을 것이다.10) 이러한 모국어와의 일치 여부
가 개별학습의 성취도를 높이는 요소로 작용했을 것이다. 따라서 이 검증
실험의 결과 협동학습과 개별학습의 평균 차이가 통계적으로는 유의하지
않은 것으로 나타났으나 개별학습의 목표 항목이 다른 항목들보다 학습자
들에게 쉬운 것이었음에도 불구하고 협동학습의 성취도 평균이 높은 것은
협동학습이 개별학습보다 성취도를 높이는 데 효과적일 것으로 예상한다.

비계설정 전략이 유용한지를 살펴보기 위해 이 전략이 활용된 교수-
학습에서 소집단별 성취도 평균을 비교해 보았다.

〈표 4〉 비계설정 전략 유용성 검증 소집단별 평균

	학생수 N	평균 M	표준편차 SD
소집단1	4	8.75	.957
소집단2	4	8.50	1.290
소집단3	4	9.00	.816
소집단4	5	9.20	1.303
전체	17	8.88	1.053

소집단1: 하위능력 비계설정, 소집단2: 무 비계설정

누지 않았다. 1학년 전체 학생들을 대상으로 다른 조건의 교수-학습 환경을 제공하여
그 성취도를 비교하고 있다. 매 차시 교수-학습의 항목이 다르기 때문에 학습자들이
느끼는 어려움의 정도가 다를 수 있다. 따라서 결과를 분석함에 있어서 학습자들의 모
국어와의 비교를 통해 학습항목의 어려움의 정도를 고려해야 한다.
10) 매 차시 학습항목과 학습자들의 모국어와의 비교는 태국인 한국어 선생님의 도움을 받
아 태국어와 일치하는 표현이 있는지의 여부와 그 쓰임이 유사한지를 검토하였다. 또한
실험 수업 후에 학습자들과의 인터뷰를 통해 학습자들이 다른 학습 항목에 비해 어렵게
느꼈는지를 확인하였다.

<표 4>에서 나타나듯이 비계가 설정되어 있던 소집단 1, 3, 4의 평균 이 비계설정이 없었던 소집단2보다 높았다. 또한 지난 학기 성적이 하위 수준이었던 학습자를 비계로 설정한 소집단1의 성취도 평균이 비계설정 이 없었던 소집단2보다 높게 나타났다. 이는 낮은 수준의 학습자로 비계 를 설정하여도 비계설정이 없는 것보다는 성취도를 높이는 데 효과적이 라는 것을 알 수 있다. 본실험에서는 여러 명의 하위능력 학습자들을 비 계로 설정하여 각각의 소집단의 성취도를 살펴보고 소집단 내 다른 능력 의 학습자들에게 어떤 영향을 미치는지 살펴볼 것이다.

이러한 결과를 통해 협동학습 전략과 비계설정 전략이 개별학습보다 학습자들의 성취도를 높이는 전략이 될 수 있음을 검증하였다. 이러한 통 계적인 검증과 더불어 학습자들의 협동학습과 비계설정에 대한 학생들의 인식을 설문지를 통해 조사해 보았다.

1.2. 교수-학습 전략에 대한 학습자 인식 조사

학습자들의 인식에 대한 조사는 설문지를 통해 이루어졌으며 본 연구 의 교수-학습 전략인 협동학습과 비계설정을 중심으로 학습 내용 이해 의 곤란 원인 등을 함께 조사하였다. 설문조사는 근접발달영역에 기초한 교수-학습 전략으로서의 협동학습과 비계설정의 유용성 검증을 위한 세 가지 형태의 수업을 한 후에 실시하였다. 이 설문조사는 학습자들이 협동 학습과 비계설정으로서의 선행학습자의 활용에 대해 흥미를 가지고 있는 지와 학습자들이 이러한 전략을 성취도를 높이는 데 유용한 전략으로 생 각하고 있는지를 알아보기 위해서이다.

본 연구가 이루어진 쏭클라대학교 푸껫캠퍼스 국제학부는 강의 언어가 영어로 되어 있다. 일반 과목들은 물론이고 독일어, 스페인어 등 모든 언 어 과목 강의들도 설명에 있어서 영어를 사용하게 되어 있다. 그러나 고등학교를 마치고 바로 대학 수업을 듣는 신입생들이 영어로 강의를 듣는 것이 쉽지는 않다. 또한 태국어에는 성조가 있어서 태국인들의 영어에는 성조가 배어 있고, 영어 모어 화자가 아닌 교사들은 각기 다른 발음의 영어를 구사하기 때문에 영어 강의의 곤란을 가중시킬 수 있다. 본 연구자 또한 영어 모어 화자가 아니기 때문에 학생들의 한국어 강의 이해에 어려움을 더하는 원인이 됐을 것으로 생각되었다. 설문에서는 학생들의 학습 내용에 대한 이해 정도와 이해하지 못한 내용에 대한 해결책을 함께 조사하였다. 이러한 내용을 설문에 함께 넣은 것은 수업 내용을 이해하지 못하는 원인이 설명이나 수업의 방법적 측면이 아니라 교사의 강의 언어를 이해하지 못하는 데에 그 원인이 있을 것이라는 가정을 했기 때문이다. 또한 이러한 교사의 강의 언어를 이해하지 못할 경우 학습자 간 상호작용을 통해 해결을 하고 의문을 해결할 것이라고 가정했기 때문이다.

다음은 설문 내용과 각 항목에 대한 응답 인원에 대한 표이다.

〈표 5〉 한국어 학습 기간과 흥미도 및 곤란 영역

질문 항목	응답 내용	응답 인원
입학 전 학습기간	한국어 학습 경험이 있다.	1명
	한국어 학습 경험이 없다.	17명
한국어 학습에 대한 흥미도	① 매우 재미있다.	15명
	② 재미있다.	3명
	③ 보통이다.	*
	④ 재미없다.	*
	⑤ 매우 재미없다.	*
한국어 학습의 곤란영역	① 발음	1명
	② 문법	12명
	③ 쓰기 / 읽기	*
	④ 말하기 / 듣기	5명

설문의 첫 번째 문항은 대학 입학 전 한국어 학습 경험에 대한 것이다. 한국에 대한 관심이 높아지면서 외국어로서 한국어를 학습하는 학습자가 증가하고 있기 때문에 피험자 중에도 입학 전 한국어 학습 경험을 가진 학생이 있을 것이라고 예상하였다. 한국어 학습 경험이 있는 학습자가 있다면 이러한 학습자들에게는 한국어 학습 경험이 없는 학생과는 다른 근접발달영역이 형성되기 때문에 교수-학습 과정에서 이러한 학생들에 대한 고려가 필요하기 때문이다. 설문 결과에 따르면 피험자 1명이 3개월 정도의 한국어 학습 경험을 가지고 있었다.

한국어 학습의 흥미에 대한 질문에 15명(83%)의 학생들이 '매우 재미있다'고 답했고, 3명의 학생이 '재미있다'고 답했다. 흥미를 느끼지 못하는 학생들은 전혀 없었다. 이러한 학습자들의 흥미는 학습 태도에 큰 영향을 미친다. 실제로 한국어 학습에서 피험자들은 수업에 적극적인 태도로 집중한다.

피험자들이 한국어 학습에서 가장 어려움을 느끼는 영역은 문법이었다. 태국인 피험자들이 문법 영역에 가장 어려움을 느끼는 것은 당연할 것이다. 이는 태국어와 한국어가 가진 언어적 특징이 너무 다르기 때문이다. 태국어는 고립어로 어형의 변화가 없기 때문에 실질형태소인 어근에 형식형태소인 접사를 결합하여 문법적 관계를 나타내거나 단어를 파생시키는 첨가어적 특성이 매우 낯설기 때문이다. 말하기와 듣기가 어렵다고 대답한 것 역시 어미에 따라 의미가 변화되고 존대법의 높낮이가 달라지는 것에 익숙하지 않았기 때문이다.

〈표 6〉 학습 이해에 대한 설문

질문 항목	응답 내용	응답 인원
교사의 설명에 대한 이해 정도	① 100%	4명
	② 75%	8명
	③ 50%	5명
	④ 25%	1명
	⑤ 0%	*

이해 곤란의 원인	① 한국어가 어려워서	*
	② 설명 방법이 어려워서	*
	③ 한국어나 영어를 이해할 수 없어서	18명
이해 곤란의 처리	① 그냥 넘어간다.	6명
	② 친구에게 물어본다.	9명
	③ 선생님에게 질문한다.	3명

<표 6>은 한국어 학습에서 교사 설명에 대한 학습자들의 이해 정도를 파악하고 교사의 설명을 이해하지 못한 원인과 그 처리에 대한 설문이다.

<표 6>에서 보는 바와 같이 학생들은 한국어나 영어로 이루어지는 교사의 설명을 완전히 이해하지 못하고 있었다. 강의에 사용되는 설명 언어는 영어로 규정되어 있으나 본 연구자는 학습자들의 한국어 학습 기간이 길어질수록 영어로 설명하면서 한국어로의 설명도 추가하였다. 그러나 교사의 설명을 모두 이해했다고 느끼는 학생은 4명(22%)에 불과하다. 또한 설명을 이해하지 못한 이유에 대해 한국어 자체에 대한 이해의 어려움이나 설명 방법의 문제가 아닌 전달 언어를 이해하지 못하는 데에 그 원인을 두고 있었다. 한 가지 더 주시할 점은 이해하지 못한 것들을 어떻게 처리하였는지에 대한 학생들의 대답이다. 이해하지 못한 것을 교사에게 질문하기보다는 동료 학습자의 도움을 받아 해결하는 경우가 더 많음을 알 수 있다. 이는 많은 사람 앞에서 발언을 꺼리는 태국 학생들의 특성이 반영된 이유도 있지만, 의사소통의 불편에서 오는 문제를 동료들을 통해 해결하려는 의도로 볼 수 있다. 위와 같은 설문의 결과에서도 드러나듯 이제 막 한국어 학습을 시작한 초급 학습자들에게는 한국어나 영어로서의 설명이 이해하기 어렵고, 이해하지 못한 부분에 대한 동료 의존성이 높음을 알 수 있었다. 학습자들의 이러한 반응들은 한국어 교수-학습에 있어 동료 학습자 간의 상호작용이 필요하다는 것과 비계설정으로서 동료 학

습자의 역할이 중요하다는 것을 의미한다.

<표 7> 비계설정에 대한 설문

질문 항목	응답 내용	응답 인원
이해 곤란에 대한 도움의 필요성	① 꼭 필요하다.	12명
	② 필요하다.	5명
	③ 보통이다.	1명
	④ 필요 없다	*
	⑤ 전혀 필요 없다.	*
도움을 받고 싶은 대상	① 선생님의 도움	7명
	② 친구의 도움	10명
	③ 사전이나 인터넷	1명

<표 7>은 비계설정의 필요성과 도움을 받고 싶은 대상에 대한 설문 결과이다. 피험자들의 교수-학습 과정에 있어 타인의 도움을 분명히 원하고 있었다. 17명(94%)의 피험자가 교수-학습 과정 중 타인의 도움이 '꼭 필요하다' 또는 '필요하다'에 답하였으며 필요성을 느끼지 못하는 피험자는 없었다. 또한 교수-학습 과정 중 교사보다 동료학습자의 도움을 더 원하고 있다. 이는 <표 6>에서 이해하지 못한 부분에 대해 동료 학습자를 통해 해결하는 것과 같은 맥락이다.

설문조사 후 학생들과의 면담에 따르면 학습 과정 중에 질문을 하는 것이 부끄럽다고 이야기하는 학생도 있었고, 원어민 교사와 의사소통이 안 될 것을 두려워하는 학생도 있었다. 또한 동료 학습자들과 함께 과제 해결을 해나가다 보면 동료 학습자들과 대화 속에서 자신들이 한국어로 하고 싶었던 표현들을 찾아내기도 한다고 하며, 이렇게 찾은 표현들은 기억에 오래 남는다고 했다. 학생의 이러한 언급은 수업 중 학습자들 간의 상호작용이 교수-학습에서 설정한 목표 이외에 기대하지 않았던 내

용도 학습할 수 있게 해 준다는 것을 알 수 있다. 다시 말해 교수-학습에서 동료 학습자와의 상호작용은 학습자들의 학습 발달에 도움을 주고 있음을 시사한다. <표 7>에 나타난 피험자들의 반응은 학습 과정에서 비계설정의 필요성과 함께 비계설정으로서 동료 학습자의 역할이 매우 중요함을 보여준다고 할 수 있다.

〈표 8〉 협동학습에 대한 설문

질문 항목	응답 내용	응답 인원
협동학습의 필요성	① 꼭 필요하다.	13명
	② 필요하다.	4명
	③ 보통이다.	1명
	④ 필요 없다	*
	⑤ 전혀 필요 없다.	*
협동학습에 대한 흥미	① 매우 재미있다.	9명
	② 재미있다.	6명
	③ 보통이다.	2명
	④ 재미없다	*
	⑤ 매우 재미없다.	*

<표 8>은 협동학습의 필요성과 흥미에 대한 설문이다. 협동학습의 필요성에 대해 학생들 대부분이 필요하다는 의견을 가지고 있었다. 앞의 <표 6>과 <표 7>에서 보았듯이 학습자들은 동료와의 상호작용의 필요성을 느끼고 있기 때문에 협동학습의 필요성에 대한 대답은 당연하다고 할 수 있다. 협동학습에 대한 흥미 여부에 대해서도 학습자들은 대체로 '재미있다'는 대답을 하였다.

이상 전략의 유용성 검증과 설문을 통해 근접발달영역이론을 기초로 한 협동학습 전략과 비계설정 전략이 학습자들의 학업 성취도를 향상시키는 데 유용한 전략임을 확인해 보았다. 본실험에서는 이러한 유용한 전략을

어떻게 활용할 때 학습의 효과를 더 높일 수 있는지 살펴보고자 한다.

2. 한국어 교수-학습 전략의 효과적 활용을 위한 실험 설계

2.1. 연구 대상

본 연구는 쏭클라대학교(Prince of Songkla University) 푸껫 캠퍼스[11])의 한국어를 필수과목으로 수강하고 있는 1학년 학생들을 대상으로 하였다. 쏭클라대학교 푸껫 캠퍼스 국제학부는 지난 2011년 한국 관련 학과를 2개 개설하였다. 한국어 관련 전공은 서론에서 언급한 것처럼 한국학과(Korean Studies)와 국제경영한국학과(International Business Korea)[12])가 있다. 두 학과는 모두 한국어를 전공 필수 과목으로 하고 있다. 학생들의 입학 조건에 한국어 관련 능력은 요구되지 않기 때문에 학생들은 입학한 후에 자음과 모음을 시작으로 한국어를 학습하게 된다.

본 연구자는 대상 학생들에게 1학년 1학기부터 한국어를 지도하면서 한국어 학습과 관련한 학생들의 특성과 수준 등을 관찰하였으며 본 연구 관련 실험은 2학기에 시행하였다. 최초 입학 인원은 21명이었으나, 학습 능력 부족, 개인적인 사정, 경제적인 문제 등으로 학업을 중단하는 학생들이 발생하였다. 그래서 협동학습 전략과 비계설정 전략 유용성 실험과 본실험은 IBK 9명, KRS 8명의 총17명으로 탐구과제를 활용한 비계설정 실험은 IBK 8명, KRS 8명의 총 16명으로 진행되었다. 연구 대상

---

11) 쏭클라대학교의 정식 이름은 'Prince of Songkla University'로 왕자립대학교이다. 태국의 남부 명문 대학이며 남부 지방에 핫야이(Hatyai) 캠퍼스를 중심으로 빠따니(Pattani), 푸껫(Phuket), 수랏타니(Surathani), 뜨랑(Trang)의 모두 5개의 캠퍼스를 가지고 있다.

12) 이하 한국학과(Korean Studies)는 KRS로 국제경영한국학과(International Business Korea)는 IBK로 칭한다.

학생들 중 지난해에 낙제를 한 2학년 학생이 1명 포함되어 있으며, 한국어에 대한 호기심으로 입학 전 세 달 동안 한국어 과외를 받은 학생이 1명 있다. 재수강하는 2학년 학생은 낙제를 했지만 들었던 것을 다시 듣는 것이기 때문에 수업 내용에 대해 기초 지식을 가지고 있었다. 하지만 선행된 정보가 학생의 주위를 분산시켜 매 수업 후에 이루어지는 형성 평가 결과가 대단히 좋지는 않았다. 또한 세 달 간의 선행 학습 경험을 가지고 있는 1학년 학생 1명의 경우는 1학기 중반 이상까지는 선행학습의 내용과 일치하는 부분들이 많아 이해가 빠른 편이었으나 1학기 중반 이후는 학습하지 않은 요소들을 학습하면서 다른 학생들과 동일한 수준이 되었고, 2학기의 학습 내용들은 다른 학생들과 같이 전혀 선행 지식이 없는 상태였다.

〈표 9〉 실험 대상 학습자 분석[13]

연번	학년	입학 전 한국어 학습	중간고사 성적	한국 친구 여부
1	1학년	없음	15.5 / 25	X
2	1학년	입학 전 3개월	15.5 / 25	X
3	1학년	없음	19 / 25	O
4	1학년	없음	19 / 25	X
5	2학년	재수강	22.5 / 25	O
6	1학년	없음	21 / 25	X
7	1학년	없음	19 / 25	X
8	1학년	없음	16.5 / 25	X
9	1학년	없음	21.5 / 25	O
10	1학년	없음	14.5 / 25	X

---

13) 학습자들의 중간고사 성적은 능력에 따른 집단을 편성할 때 활용되었다. 한국 친구 여부는 인터넷을 활용하여 한국 친구들과 종종 대화를 하는 학생들이 있기 때문에 인터넷을 활용한 한국어 원어민과의 교류가 학습자들의 한국어 능력과 상관이 있는지 살펴보기 위해서였다. 인터넷을 활용하여 종종 한국 친구들과 대화를 나누는 학생들은 대화 속에서 이해하지 못한 내용들에 대해 질문을 자주 했으며 새로운 단어와 표현들을 스스로 찾아보거나 질문을 통해 학습하고 있었다.

11	1학년	없음	23.5 / 25	○
12	1학년	없음	22.5 / 25	X
13	1학년	없음	21.5 / 25	○
14	1학년	없음	22 / 25	X
15	1학년	없음	9.5 / 25	X
16	1학년	없음	24 / 25	○
17	1학년	없음	24 / 25	○

학기 당 한국어는 1과목씩 필수과목로 정해져 있으며 1주에 6시간씩 수업이 이루어진다. 1학기가 보통 16주인 것을 생각하면 1학년을 마치면 이수한 수업 시간 수는 약 190시간 정도로 TOPIK 1급 정도의 수준이라 할 수 있다. 따라서 연구의 대상 학생들은 1학기를 마친 약 90시간의 한국어 수업을 받은 정도로 1급에도 미치지 못하는 초급 학습자라 할 수 있다. 학생들의 한국어 능력을 향상시킬 수 있는 외부 요소는 특별히 없다. 한국인 관광객이 많은 곳이지만, 학생들이 한국인 관광객이나 푸껫에 살고 있는 교포를 접할 수 있는 사회적 공간은 거의 없는 상황이다. 인터넷 매체를 통한 방법을 제외하면 한국어 학습과 연습의 공간은 오직 수업 시간뿐이며 그 밖의 한국어 능력을 발달시킬 수 있는 기회는 전혀 없는 상황이라 학생들은 학교의 수업에 의존하여 학습해야 한다. 일부 학생들은 인터넷을 통해 한국인 친구와 대화를 나누기도 한다. 이러한 인터넷을 통해 한국인 친구와 대화를 나누는 것은 한국어 학습에 대한 의욕을 높이는 계기가 되기도 하고 수업에서 학습하지 않은 구어 표현이나 유행어, 채팅어 등을 접할 수 있는 기회가 되기도 한다.

본 연구에서 1학년 학생들을 연구의 대상으로 삼은 것은 2학년 학생들은 그 숫자가 너무 적어 표본으로의 의미를 가지기 어려우며 학생 간 격차가 너무 커서 연구의 대상으로 적당하지 않았기 때문이다. 또한 교양 선택과목으로 한국어를 배우는 학생들이 있으나 한 학기 수강에 그치는 경우가 많고 교양 선택과목이기 때문에 학습목적이 실용성에 큰 비중을 두고 있기 때문이다. 더불어 학생들의 태도 또한 진지하지 못하기 때문에 연구의 대상으로 삼을 수 없었다. 그리고 1학기를 학생들에 대한 관찰의 시간으로 삼아 학습자 파악에 중점을 두고, 본실험을 2학기에 실시한 이유는 한국어에 대한 기초 지식이 전혀 없는 학생들이 대부분이어서 한글 자모를 익히고 한국어 수업에 대한 기초적인 적응과 학습자 간의 상호작용을 원활히 하기 위한 친밀감 형성의 시간이 필요했기 때문이다.

2.2. 한국어 교수-학습 자료

실험에 사용된 교재는 '이화 한국어 1-2'이다. '이화 한국어'는 총 6단계로 되어 있으며 1~3단계는 각각 2권으로 이루어져 있다. 본 연구의 대상 학생들은 '이화 한국어'를 주 교재로 강의를 받고 있고 있으며 두 학기에 한 단계를 마칠 수 있도록 커리큘럼이 구성되어 있다. 본 연구의 실험은 학생들의 강의 계획에 맞추어 진행되었고 실험 기간 내의 목표 학습 항목 중 단순한 지식에 해당하는 항목들, 예를 들면 '-지요'라든가 '에게서/한테서'같은 단순 지식에 해당하는 학습 항목들은 실험의 학습 항목으로 넣지 않았다. 따라서 목표 학습 항목은 따로 정하지 않았으며 교수-학습 중에 사용된 보조 자료로서의 학습지는 본 연구자가 필요에 따라 학습 방법, 과제 유형에 맞게 제작하였다. 기본학습 단계에서는 PPT를 활용한 교사의 설명과 함께 교재와 보조 학습지를 활용하거나 본 연구자가 제작한 탐구 학습지를 활용하였고, 발전학습 단계에서는 주 교재의 워크북을 사용하였다. 워크북에 제시된 과제가 단순한 어미 교체 유형이나 단어 활용 등 습득된 지식의 대응만으로 해결이 가능한 경우는 워크북을 숙제로 대신하고, 발전학습에 필요한 학습지를 제작하여 활용하였다. 다음은 본실험의 학습항목이다. 실험의 학습항목들은 앞서 밝힌 바와 같이 교재의 순서를 그대로 따르면서 단순한 표현을 제외한 것으로 난이

도는 크게 차이 나지 않는다. 다만 학습자들이 모국어와 한국어의 언어적 특성에 따른 차이 때문에 학습자들이 느끼는 어려움의 정도가 달라질 수 있다. 따라서 각 학습항목마다 대응하는 태국어 표현이 있는지를 조사하고 대응하는 태국어 표현이 있는 경우 한국어와 의미나 활용방법의 일치 정도를 함께 작성하였다.

<표 10> 학습 항목

학습환경 / 차시	학습항목	태국어 표현	모국어와 일치정도14)
1차시 수업	-(으)러 가다	เพื่อ	△
2차시 수업	-(으)ㄹ까요	กันดีไหม	○
3차시 수업	-아/어서	เพราะว่า	○
4차시 수업	ㅂ불규칙		×
5차시 수업	-(으)십시오	กรุณา	△
6차시 수업	-(으)려고 하다	ตั้งใจที่จะ	△
7차시 수업	-(으)ㄴ/는		×
8차시 수업	-(으)면	ถ้า	○

개별평가 문항지는 매 수업마다 10문항으로 구성하였으며 학습한 항목에 대한 지식적 적용의 문항과 맥락적 활용 문항으로 구성하였다. 지식 적용 문항들은 목표 학습 항목을 분명히 이해했는지를 파악하기 위한 기본 문제들로 구성하였고, 맥락적 활용 문항들은 맥락 속에서 의미를 추출해 내는 발전학습 단계에서 제시되었던 문제들과 유사한 유형으로 구성하였다. 문항의 유형들은 수업 중에 연습했던 문장이나 대화문과 유형은 유사하지만 다른 상황적 맥락을 배치하여 다양한 상황에서 활용이 가능

---

14) 학습자들의 모국어인 태국어와 한국어의 일치 정도를 살펴본 것이다. 학습항목의 한국어 표현을 대신할 수 있는 태국어가 있으며 활용이 유사한 것은 'O'로, 한국어 표현을 대신할 수 있는 태국어가 있으나 의미나 활용방법에 차이가 있는 것은 '△'로, 한국어 표현을 대신할 수 있는 단어가 없는 것은 '×'로 표시하였다.

한지를 살펴보았다.

2.3. 한국어 교수-학습 설계

근접발달영역에 기초한 교수-학습 전략으로 협동학습과 비계설정을 활용할 때 협동학습 집단 편성 방법과 비계설정으로서의 선행학습자의 수준 그리고 협동학습에서 과제 유형에 따라 학습자들의 학습 성취도가 어떻게 달라지는지를 검증하기 위해 <표 11>과 같이 실험을 계획하였다.

<표 11> 실험 설계

학습환경 차시	협동학습집단	선행학습자	과제유형
1차시 수업	자율적 집단편성	자발적	일반과제
2차시 수업		상위능력	
3차시 수업		하위능력	
4차시 수업		없음	탐구과제
5차시 수업	능력에 따른 집단편성	자발적	일반과제
6차시 수업		상위능력	
7차시 수업		하위능력	
8차시 수업		없음	탐구과제

<표 11>의 실험 설계에서 학습과제의 유형인 '일반 과제'와 '탐구 과제'는 각각 문제해결 능력, 발견학습 능력, 사고와 상호작용 등을 학습자에게 덜 요구하느냐, 더 요구하느냐에 따라 설정한 것이다. 일반과제는 이러한 능력이 덜 요구되는 과제이고, 탐구과제는 이러한 능력이 더 요구되는 과제로 뒤에서 자세히 설명할 것이다. '선행학습자'는 이론적 배경에서 설명했던 비고츠키의 이론을 바탕으로 협동학습의 각 소집단에서 비계의

역할을 수행할 더 능력 있는 동료 학습자롤 본 실험에서 명칭한 것이다.
　<표 11>과 같은 계획의 실험에서 선행학습자가 없음에도 불구하고 탐구 학습과제의 제시만으로 학습자의 성취도가 높게 나타난다면 탐구 학습과제가 주어지는 교수-학습에서 선행학습자가 있는 경우와 없는 경우로 나누어 성취도에 차이가 있는지를 살펴볼 것이다. 이는 탐구 학습과제를 활용한 교수-학습에서도 비계설정으로서의 선행학습자가 성취도 향상에 효과적인지를 살펴보기 위한 것이다. 실험을 위한 소집단은 자율적 집단 편성일 때 4개의 소집단, 능력에 따른 집단 구성일 때 4개의 소집단을 구성하였다. 각 소집단의 인원은 4명 또는 5명이다. 협동학습과 비계설정의 유용성에 대한 실험이 먼저 진행되었으며, 본실험은 그 뒤에 이루어졌다. 　본실험에서 자율적 집단 구성에 의한 수업이 먼저 이루어졌으며 능력에 따른 집단 구성은 중간고사의 성적15)과 협동학습 전략과 비계설정 전략의 유용성 검증에서 이루어진 협동학습의 형성평가 점수를 합하여 능력에 따른 이질적 집단을 구성하였다. 능력에 따른 협동학습 집단을 편성할 때 학습자 능력의 근거로 중간고사 성적과 유용성 검증 실험에서 실시한 협동학습의 형성평가 점수를 바탕으로 하였다. 유용성 검증 실험의 협동학습 형성평가 점수를 바탕으로 삼은 것은 중간고사는 총괄평가의 성격을 지니고 있고 협동학습을 통해 얻은 결과가 아니기 때문이다. 협동학습이라는 교수-학습의 유형이 학습자의 성취도에 영향을 미칠 수도 있다는 점을 고려한 것이다.

---

15) 중간고사는 교재의 일정한 범위에 대하여 문법, 어휘, 읽기 등의 종합적인 한국어 능력을 평가한 것이다. 단, 말하기/듣기 영역은 지필평가 외에 따로 실시하여 능력에 따라 집단을 편성하는 데에는 활용되지 않았다.

2.3.1. 협동학습의 집단 편성

협동학습은 학습자의 성취도 향상에 효과적일 뿐만 아니라 학습자들이 수업에 대하여 적극적인 태도를 갖게 되며 긍정적인 자아개념을 형성하게 한다. 또한 활발한 상호작용을 통해 사회성을 기르게 하는 등 교수-학습의 효과적인 전략으로 활용되고 있으며 많은 연구들이 협동학습의 효과를 입증하고 있다. 협동학습과 관련된 연구는 효과성에 관한 연구들과 함께 소집단 편성에 대한 연구가 이루어지고 있다. 소집단 편성과 관련해서는 학습자의 능력에 따라 이질적 집단으로 구성하느냐, 동질적 집단으로 구성하느냐가 그것이다. 이질집단 편성에 대해 Johnson & Johnson (1991), Slavin(1995), Mevarech(1999) 등은 협동학습에 있어서 이질집단 구성의 필요성을 강조한다. 학습자의 능력이 다양한 이질집단에서의 상호작용은 상위능력의 학습자에게는 자신보다 낮은 능력의 학습자들에게 설명을 제공하면서 자신이 가진 능력을 확고히 하며 발달의 기회가 될 수 있다. 하위능력의 학습자에게는 자신보다 높은 능력의 학습자들이 가진 학습전략을 관찰하고 모방하면서 성취도를 높일 수 있어 상위능력 학습자나 하위능력 학습자 모두에게 도움이 된다는 주장이다. 그러나 동질집단 편성에 의한 협동학습이 학습자의 성취도를 높이는가에 대한 연구는 그 의견이 분분하다. Simseh(1992)는 이질집단에서의 협동학습은 학습자의 능력에 상관없이 학습자들의 성취도에 나쁜 영향을 미치지는 않는 반면, 동질집단 편성에 의한 협동학습은 하위 학습자들의 학습 성취도에 치명적인 영향을 미친다고 하였다. 대부분의 연구들에서 동질집단 편성에 의한 협동학습은 이처럼 하위능력의 학습자들에게 도움이 되지 않음을 보여주고 있다.

이질집단 편성의 협동학습이 학습자들의 성취도를 높일 수 있는 것은 집단 구성원들이 가진 다양한 수준의 학습능력이 다양한 범위의 근접발달영역을 생성하는 바탕이 되기 때문이다. 근접발달영역은 학습자가 스스로 문제를 해결할 수 있는 능력과 성인이나 더 나은 동료 학습자의 도움을 통해 문제를 해결할 수 있는 능력 사이의 차이이다. 근접발달영역 이론에 의하면 이질적 협동학습 집단에서 학습자들은 다양한 능력의 동료들과 과제 해결을 하면서 수준이 다른 동료 학습자들로부터 도움을 받게 되어 자신이 가진 능력 이상의 과제를 수행하게 되는 것이다.

협동학습 집단 편성과 관련한 많은 연구들이 소집단 내에서 학습자 능력의 이질성과 동질성 여부를 언급한다. 이러한 여러 연구들에 의하면 협동학습에서 동질집단 편성보다는 이질집단 편성이 학습자의 성취도를 높일 수 있다는 결론을 얻었다. Vygotsky적 관점에서 해석해 본다면 이질집단 편성은 집단을 구성한 다양한 수준의 학습자들의 능력이 근접발달영역 생성의 바탕을 마련하여 학습의 효과를 높일 수 있는 것이다. 그러나 본 연구는 이질집단 편성이 학습 효과를 높일 수 있다는 것에 동의하면서 학습자들의 상호작용이 더 원활해질 수 있는 동기적 요소로 학습자 간 친밀감을 고려해 보았다. 학습자가 자율적으로 친밀감이 높은 동료들과 학습 집단을 구성함으로써 Vygotsky가 강조했던 상호작용을 촉진시켜 학습의 효과를 높일 수 있을 것으로 기대하였다. 친밀도가 낮은 동료 학습자보다는 친밀도가 높은 동료 학습자 사이에 상호작용이 더 쉽게 시작되고, 더 활발히 이루어질 것이다. 특히나 낯선 사람과의 대화를 불편하게 여기는 태국인 학습자들에게 친밀감은 상호작용의 시작을 이끌어내는 계기가 될 것이다. 자율적으로 구성된 집단은 동질적 집단일 수도 있고 이질적인 집단일 수도 있다. 다른 연구들에 따르면 동질적으로 구성된 집단이 효과적이지 않을 수도 있다고 하지만 친밀감의 요소가 상호작용을 활발히 이끌어 주는 작용을 하게 된다면 학습자들이 가진 잠재적 능력을 발달시키는 촉매가 될 것이다.

또한 집단 편성을 학습자의 자율에 맡기더라도 본 연구처럼 외국어로서의 한국어 학습자들은 성인인 경우가 많기 때문에 아동이나 청소년 학습자와는 달리 학습 과정에서 자신들에게 도움을 제공할 동료 학습자를 고려하여 집단을 구성할 것이다. 성인 학습자들은 학습에 대한 의지가 분명하고 더 나아가 반드시 달성해야 하는 구체적 목표를 가지고 있어서 아동이나 청소년 학습자보다 학습에 대한 책임감을 더 많이 가지고 있다. 따라서 성인학습자들은 자율적 집단 구성에서 자신이 도움을 받을 수 있는 친밀한 동료를 선택할 것이며 학습자들이 구성한 집단은 최소한 동질적인 집단은 아닐 것이라 예상된다.

자율적 집단 구성은 4-5명의 인원수에만 제한을 두고 학습자들 스스로 원하는 동료들과 집단을 구성하게 하였다. 능력에 따른 집단 편성은 중간고사 성적과 협동학습으로 이루어졌던 협동학습 전략과 비계설정 전략의 유용성 실험 점수를 합산하여 집단을 구성하였다. 중간고사는 듣기, 읽기, 쓰기, 문법의 다양한 능력을 측정하고 있어서 학습자들의 문법적 지식과 함께 듣고, 읽고, 쓰는 한국어에 대한 종합적 능력을 반영할 수 있고, 협동학습과 비계설정 전략의 유용성 실험 점수는 협동학습 후의 개별평가이기는 하지만 협동학습의 결과를 평가한 것이라 중간고사에서 측정한 것과는 다른 영역을 측정한 것이라 할 수 있다. 즉 전략의 유용성 실험에서 얻은 개별 점수는 협동학습을 수행하는 능력이 반영된 것이라 볼 수 있기 때문에 두 가지 유형의 평가 점수를 집단 편성에 모두 반영하였다.

2.3.2. 비계설정 역할로서의 선행학습자

비계설정(scaffolding) 개념은 Vygotsky의 근접발달영역을 효과적으로 교수 – 학습에 적용시키기 위해 제시된 개념으로 근접발달영역에 기초하고 있다. Vygotsky는 "독립적으로 문제를 해결할 수 있는 실제 발달 수준과 성인의 도움이나 더 능력 있는 동료와의 협동을 통해 문제를 해결할 수 있는 잠재적 발달 수준과의 거리"를 근접발달영역(Zone of Proximal Development) 이라고 하였다. 학습자들 자신이 스스로 문제를 해결할 수 있는 수준을 넘어서는 발달을 이루기 위해서는 발판적 역할을 하는 성인이나 더 능력 있는 동료 학습자의 도움이 필요하다는 것이다. 이때 학습자 발달에 발판 적 역할을 하는 성인이나 더 능력 있는 동료 학습자의 도움이 비계설정이 다. 따라서 교수-학습의 과정에서 학습자의 성취도를 높이려면 비계설정 즉 교사나 유능한 동료 학습자의 도움이 필요하다.

학습자의 학습 발달을 촉진시킬 수 있는 도움에 대해 Vygotsky는 근접 발달영역 안에서 '성인의 도움이나 유능한 동료의 협동'처럼 숙련된 전문 가가 도움을 줄 수 있다고 말한다. 그러나 비계설정에 관한 Amy Ohta (2000)나 Swain(2000)같은 연구들은 반드시 숙련된 전문가의 도움이 아니더 라도 수준이 비슷한 동료 학습자도 비계의 역할을 수행할 수 있음을 증명 한다. 또한 Forman과 Cazden(1985)에서 아동들은 '동료 교수(peer tutoring)' 상 황에서 매우 효과적으로 서로를 가르칠 수 있음을 보여주었다.

본실험에서는 한국어 학습자의 학습 성취도를 높이기 위하여 비계설정 을 전략으로 활용하고 협동적 상호작용이 효과적으로 이루어지게 하기 위해 각 협동학습 집단에 선행학습자를 비계의 역할로서 배치하였다. 비 계설정을 하지 않더라도 협동적 과제 수행 과정에서 학습자들은 상호작 용을 통해 서로서로에게 도움의 역할을 할 것이다. 그러나 근접발달영역 에서처럼 유능한 능력의 동료 학습자가 비계로서 도움을 제공한다면 비 슷한 수준의 동료 학습자 비계보다 그 효과가 클 것으로 예상한다. 따라 서 본 연구에서는 소집단 협동 학습에 앞서 집단별로 교사가 일부 학습자 에게 선행 지식을 제공하고 이러한 선행학습자를 각 소집단에 배치하여 도움을 필요로 하는 동료 학습자들에게 효과적인 도움을 제공할 수 있도 록 하였다. 즉 Vygotsky가 근접발달영역에서 말한 '유능한 능력의 동료 학 습자'를 소집단 안에 인위적으로 배치하여 학습자들의 성취도를 높이고자 한 것이다. 이러한 선행학습자들은 Vygotsky 이론에서의 유능한 능력의 동료 학습자 역할을 하게 될 것으로 기대한다. 이러한 선행학습자를 비계의 역할로서 각 소집단에 배치하는 것은 더 능력 있는 동료 학습자가 학습발달을 촉진시킨다는 Vygotsky 이론의 '유능한 동료 학습자'와 Amy Ohta(2000)나 Swain(2000)의 연구처럼 '비슷한 능력의 동료 학습자'가 비계의 역할을 수행하여 발달을 도울 수 있다는 개념을 교수-학습에 적용한 새로운 시도라 할 수 있다. 그러나 본 연구에서 비계의 역할로 설정한 '선행학습자'는 근접발달영역의 '유능한 동료 학습자'와는 차이가 있다. Vygotsky가 말한 유능한 동료 학습자는 학습자 사이의 상호작용 속에서 자연적으로 발생한 것이지만 본 연구의 선행학습자는 교사의 지식 제공에 의해 인위적으로 설정된 것이다. 또한 Vygotsky는 '유능한 동료 학습자'의 도움을 숙련된 전문가의 도움이라고 했다면 본 연구의 선행학습자는 그에 미치지 못한다. 그러나 본 연구의 선행학습자는 최소한 수업 할 학습항목에 대해서는 선행 지식을 가지고 있었기 때문에 Amy Ohta(2000)나 Swain(2000)의 연구에서 비계의 역할을 수행한 학습자들보다는 우월한 수준을 가졌다 할 수 있다.

Vygotsky는 또래간의 협동이 가능해지는 시기를 따로 정하지 않고 모든 연령에서 가능한 것으로 보았으며 협동학습의 대상을 성인이나 유능한 또래로 상정하고 있다. 이러한 그의 주장에 따르면 서로 다른 능력을 가진 학습자들로 구성된 협동학습의 형태가 가장 효과적일 것으로 예상된다. 그러나 실제적 교수-학습 상황에서 이러한 혼합능력의 집단을 구성하는 것은 어려운 일이다. 따라서 본 연구에서는 Vygotsky의 주장들을 실제 상황에 비추어 선행학습자를 협동학습 소집단에 배치하고자 한 것이다. 동료 학습자 간의 상호작용에 관한 여러 연구들에서 또래 상호작용의 효과를 인정하고 있다. Kol'tsova(1978)는 아동이 개별적으로 활동할 때 보다는 집단으로 활동할 때 풍부하고 자세하며 잘 발달된 역사적 개념들을 더 잘 학습할 것 같다고 주장하였다. 또한 어떤 연구들에서는 아동들이 그들보다 더 유능하거나 나이가 약간 더 많은 또래들과 협동할 때 가장 많은 도움을 받았다는 사실을 밝혀냈다(Mugny & Doise, 1978: 한순미 1999:137). 본 연구에서 선행학습자의 개념은 일부 Vygotsky의 근접발달영역을 확대 해석하여 선행학습이 발달을 촉진시킬 것이라는 것과는 다른 것이다. 본 연구의 선행학습자는 동료 학습자들 간의 상호작용과 더 나은 또래와의 협동이 학습에 효과적일 것이라는 개념을 반영한 것이다.

선행학습자는 실제적인 본 수업 전에 학습할 요소들을 미리 학습하게 된다. 수업 요소 전체를 학습하는 것이 아니라 본 수업의 핵심적인 기본 요소를 수업 전에 학습한다. 한국어에 대한 기초 지식을 가지지 않은 학습자들에게 기본적인 요소를 미리 학습 한다는 것은 다른 학습자들보다 '더 유능한 동료 학습자'로서 다른 동료 학습자들에게 도움을 제공할 수 있을 것이다. 하지만 선행학습자들에게 실제 수업의 전체 요소를 학습시키지 않은 것은 선행학습자가 실제 수업에서 주어지는 과제에 대한 흥미를 잃을 수 있다. 그리고 선행학습자는 협동학습에서 상위능력 학습자가 소집단을 지배적으로 통제해 버려 학습자 간 상호작용을 막을 수 있는 위험 요소를 방지하려는 데도 목적이 있다. 각 소집단의 선행학습자로 결정된 학생들은 실제 수업 전 교사와 수업의 핵심이 되는 기본 요소를 10-15분 정도 학습하게 된다. 예를 들면 '-(으)려고 하다'를 본 수업에서 학습하게 되는 경우 선행학습자들은 이 표현이 어떤 의미를 가지고 있으며 어떻게 활용하여 표현을 만들 수 있는 지를 학습한다. 그리고 본 수업에서는 이 표현을 사용하여 문장을 만들고 대화나 글 속에서 이 표현의 의미를 해석해 낸다. 비계설정 역할로서의 선행학습자는 Vygotsky적 관점에서 학습 발달을 촉진시키는 '더 유능한 동료 학습자'라고 말하기는 어려울 수 있으며 '숙련된 전문가'라고는 말할 수 없다. 하지만 비계설정에 관한 연구들에서 비슷한 수준의 동료 학습자들 간의 상호작용만으로도 학습자들

이 가진 능력 이상의 과제를 수행해 낸 것과 비교한다면 '선행학습자'는
다른 동료학습자들에게 비계설정의 역할을 충분히 할 수 있다.

　다음은 비계설정으로서의 선행학습자들이 수업 전 선행학습을 했던 예이다.

<선행학습의 예>

* 학습 항목 : -(으)려고 하다

- 저는 밥을 먹으려고 해요.
- 저는 밥을 먹어요.
- 저는 밥을 먹었어요.

V Stem 받침 O	+	으려고 하다
V Stem 받침 X	+	려고 하다

　　예) 먹다 : 먹으려고 하다

　　　　가다 : 가려고 하다

- 차를 사다 →　차를 사려고 해요.
- 점심을 먹다→　점심을 먹으려고 해요.

　실제 수업에서 사용했던 PPT의 일부이다. 선행학습에서는 위의 자료와 같이 학습 항목
의 의미를 예를 통해 또는 학습자의 모국어를 통해 이해시키고 그 활용 방법을 설명한
다. 필요에 따라서는 여러 가지 예들을 연습해 볼 수도 있다.

　본 연구는 선행학습자가 비계설정 역할을 수행할 수 있다는 것을 전제
로 하였으며, 선행학습자의 수준에 따라 그리고 선행학습자의 적극성의
정도에 따라 소집단 구성원들의 학습 성취가 달라질 것이라는 가정을 하
였다. 따라서 선행학습자의 유형을 세 가지로 나누어 협동학습을 진행하
였다. 먼저 학습자의 자발적 동기에 초점을 두고 각 소집단에서 선행학습
을 희망하는 학생들을 선행학습자로 설정하였다. 본 연구에서 소집단 편

성이나 선행학습자 설정에 있어 학습자들의 자율성을 강조하는 이유는 한국어 교육은 성인 학습자를 대상으로 하는 경우가 많기 때문에 이미 성숙된 성인에게는 스스로의 판단과 의지가 성취도에 영향을 미칠 것을 기대하기 때문이다. 그리고 다른 두 가지 유형은 학습자의 능력에 따라 선행학습자를 설정하였다. 그 하나는 상위능력 학습자이고 다른 하나는 하위능력 학습자이다. 상위능력 학습자와 하위능력 학습자가 각각 선행학습자로 설정되었을 때 소집단 내에서 같은 정도의 발판적 역할을 수행할 수 있는지를 알아보고자 했다. 협동학습의 집단 편성을 이질적 집단으로 편성하면 하위능력의 학습자들은 높은 수준의 학습자들의 문제 해결 과정을 관찰하고 모방하게 된다고 한다. 그렇다면 하위능력의 학습자들이 가진 학습 요소에 대한 선지식도 다른 학습자들에게 모방의 대상이 될 수도 있으며 하위능력의 학습자들이 선행학습 한 개념을 동료 학습자들에게 설명하는 과정에서 하위능력 학습자들이 가진 선지식이 보다 명확하게 숙달될 것이라 예상된다.

이처럼 자발적 동기에 의한 선행학습자, 상위능력의 선행학습자, 하위능력의 선행학습자는 자율적으로 구성된 소집단과 능력에 따라 편성된 소집단에서 각각 비계설정의 역할을 하게 된다.

2.3.3. 교수-학습 과제의 유형

교수-학습의 형태가 개별학습이냐 협동학습이냐 하는 것과는 상관없이 학습과제는 학습자들의 참여도 및 학업 성취도에 영향을 준다. 교수-학습의 설계에 있어 가장 중요하게 분석해야 하는 것은 과제의 유형이기 때문에 교수-학습의 형태에 따라 다른 과제가 제시되는 것은 당연한 것이다. 과제의 분류에 대해 Gagne(1965)는 '학습과제를 학습을 통하여 길러지게 되는 학습된 능력'이라고 규정하고 학습된 능력의 유형에 따라 '언어적 정보(verbal information)', '지적기능(intellectual skills)', '인지전략(cognitive strategies)', '운동기능(motor skill)', '태도(attitudes)'로 나누고 지적기능은 학교 학습에서 가장 중요시 되는 것으로 이를 다시 변별학습, 개념학습, 규칙학습, 고차적 규칙학습으로 나누었다. Bloom(1956)은 학습을 인지적 영역, 정의적 영역, 심동적 영역으로 나누고 인지영역을 다시 지식, 이해, 적용, 분석, 종합, 평가로 나누었다. 그러나 이러한 과제 분류는 객관주의적 인식론에서 비롯된 것으로 이렇게 분류된 과제들이 학습자에게 어떻게 효과적으로 전달되어 학습되느냐 하는 구조화된 학습과제의 분류이다. 이러한 구조화된 과제들은 협동적 상호작용을 바탕으로 하는 교수-학습 형태에서는 적절하지 못하다고 할 수 있다. 협동학습 상황에서는 주어진 과제에 대해 동료 학습자와의 상호작용 활동을 통해 학습자 스스로가 능동적으로 지식을 구성해 나아가야 한다. 따라서 잘 정리된 개념이나 정보의 적절한 적용을 통해 문제를 해결해 나가는 구조화된 과제보다는 복잡하고 암시적으로 제시된 정보들을 학습자가 조직하고 원리들을 발견해 내는 비구조화된 과제가 협동학습에서 학습자 간 상호작용을 촉진시킬 수 있을 것이다. 구조화된 학습과제와 비구조화된 학습과제의 특징을 Jonassen(1997: 명근, 2005 재인용)은 다음과 같이 언급한다.

〈표 12〉 학습과제의 특징

구조화된 학습과제	비구조화된 학습과제
· 재현되는 구체적 기능(recurrent skills)을 요함 · 선수지식(사실, 개념)을 요함 · 적용문제, 변형문제 (명확한 목표, 일정 논리) · 유사문제에만 전이되는 기능요구 (알고리즘적)	· 포괄적 기능(non-recurrent skills)을 요함 · 도식으로 조직되는 서술지식을 요함 · 비절차적, 발견적 · 문제 상황의 여러 측면이 분명하지 않음 · 해결에 필요한 정보가 문제 진술에 포함 되지 않음

·해결 : 제한적 지식영역에 근거 ·일상적 문제해결에 제한적 가치를 지님	·해결 : 여러 지식영역의 통합을 요함 ·다양한 해결책이 존재함

Vygotsky의 근접발달영역에 기초한 협동학습에서 학습자의 성취도를 높일 수 있는 학습 환경적 요소는 상호작용 특히 동료 학습자 간의 상호 작용일 것이다. 이때 상호작용을 촉진시킬 수 있는 과제는 <표 12>를 근거로 본다면 비구조화된 학습과제가 적절하다고 할 수 있다. 본 연구는 학습과제의 비구조화 정도를 높이면 학습자들의 성취도가 높아지는지를 알아보고자 한다. 학습과제를 구조화된 학습과제와 비구조화된 학습과제로 나누어 제시하지 않은 것은 본 연구의 실험에서 이루어지는 교수-학습은 협동학습을 전략으로 하고 있기 때문에 정리된 자료를 전달하는 구조화된 학습과제는 적절하지 않기 때문이다. 또한 구조화된 학습과제와 비구조화된 학습과제를 엄밀하고 명확히 구별하는 것이 어렵기 때문이기도 하다. 따라서 학습자들에게 문제 해결 과정, 발견 과정의 여지를 더 주느냐, 덜 주느냐에 따라 비구조화의 정도를 달리하여 학습자의 성취도 변화를 살펴볼 것이다. 학습자들에게 더 많은 사고를 요구하며 지식 형성에 있어서 학습자의 역할을 더 많이 요구하는 과제를 탐구 학습과제, 탐구 학습과제보다는 적은 양의 사고과정과 학습자의 역할을 요구하는 과제를 일반 학습과제라 하였다.

일반 학습과제는 교사의 설명한 기본 학습내용을 예를 통해 활용하고 연습하는 과정에서 보조 학습지의 형식으로 제시될 것이다. 탐구 학습과제는 목표 학습항목에 대해 학습자들이 협동적 사고를 통해 찾아낼 수 있도록 구성된 학습지를 통해 제시될 것이다. 이하에서는 이러한 학습과제를 비구조화의 정도에 따라 일반 학습과제와 탐구 학습과제로 언급할 것이다. 탐구 학습과제는 일반 학습과제에 비하여 문제 해결의 과정에서 학

습자들에게 더 많은 사고의 기회를 부여하고 학습자 사이에 더 많은 상호
작용의 기회를 제공할 것이다.

비계설정 전략을 활용한 교수-학습에서는 일반 학습과제를 제시하여
교사의 안내를 바탕으로 적용문제, 응용문제들을 해결해 나가는 과정에서
학습자 간의 협동적 상호작용을 할 수 있도록 하였다. 탐구 학습과제가
제시되는 수업에서는 비계설정 전략을 제거하였으며, 소집단 구성원들이
학습 내용에 대해 의미를 찾아내고 규칙을 발견한 후에 교사의 안내를 통
해 개념을 정리할 수 있도록 하였다.

2.4. 한국어 교수-학습 절차

본 연구의 교수-학습은 다음과 같은 절차로 이루어졌다.

〈표 13〉 실험 수업의 교수-학습 절차

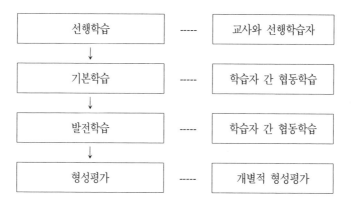

선행학습은 앞 절 '비계설정 역할로서의 선행학습자'에서 설명한 것처
럼 본 수업을 하기 전 각 소집단의 선행학습자가 기본적인 학습내용을 학
습하는 것이다. 선행학습은 교사가 선행학습자들을 대상으로 하는 수업

전 학습이다. 선행학습에 소요한 시간은 10-15분 정도이며 본 연구에서는 상황에 따라 수업 전 또는 후의 시간을 이용하였다. 수업 전 선행학습자들을 일찍 오게 하거나 수업 후 다음 시간에 학습할 내용의 기본 요소들을 먼저 학습하게 하였다. 탐구 학습과제를 활용한 수업에서는 선행학습자를 비계로 설정하지 않았기 때문에 선행학습의 단계를 진행되지 않았으며 나머지 과정은 일반 학습과제를 활용한 수업과 같이 진행하였다.

기본학습과 발전학습은 학습자들이 협동적 상호작용을 통해 과제를 수행하는 과정이다. 이 단계에서 학습자들은 교재를 바탕으로 필요에 따라 교사가 제공하는 학습지를 통해 주어진 과제를 협동적으로 해결한다.

'기본학습' 단계의 과제는 교사가 설명한 내용을 바탕으로 표현을 만들어 보거나 문장을 만들고 대화 연습을 하는 것이다. 이 단계에서 학습자는 목표 학습 내용에 대한 개념을 적립하고 이해를 다지게 된다. 교사는 학습 항목의 의미와 기능의 활용 등 기본적인 개념만을 설명하였기 때문에 학습자들은 자신의 수준에서 해결할 수 없는 과제에 직면할 수 있고 이때, 학습자들은 동료 간의 상호작용을 통해 과제를 해결할 수 있다. 이러한 과제해결을 위한 협동적 상호작용에서 선행학습자는 비계의 역할을 수행하게 되며, 비계설정으로서 동료 학습자들에게 기본학습 내용을 모국어로 설명해 줄 수 있다. 기본학습 단계에서 교사는 소집단 활동을 관찰하면서 학습자들의 도움 요청에 응할 수 있다. 학습자들의 도움 요청에 대해 교사는 학습자 간 활발한 상호작용을 위하여 직접적인 단서를 제공하기보다는 선행학습자의 기억을 상기시키거나 해결의 실마리를 제공한다.

'발전학습' 단계에서는 기본학습 단계와 마찬가지로 소집단별 학습자 간 상호작용을 통해 심화된 과제를 학습하게 된다. 발전학습의 과제는 개념을 가지고 기본 형태를 연습하는 단계를 넘어 맥락을 고려하여 의미를 찾아내거나 상황에 적절한 표현을 사용하는 개념의 적용능력을 요하는 과제라 할 수 있다. 이 단계에서 학습자들은 서로 교사의 역할과 학습자의 역할을 교환하게 된다. 또한 이 단계에서 선행학습자는 비계설정으로 서의 역할을 수행할 수도 그렇지 못할 수도 있다. 선행학습자의 선행된 학습 내용은 기본학습 수준의 내용이었기 때문에 기본학습에서 선행학습 자가 다른 동료 학습자들보다 더 많은 발달을 가져왔다면 계속적으로 우 월한 동료 학습자로서 비계설정의 역할을 할 수 있을 것이다. 그러나 Vygotsky의 근접발달영역 이론에 의하면 실제적 발달 수준이 같을지라도 잠재적 발달 수준은 다르기 때문에 비계설정으로서의 선행학습자가 발전 학습에서도 반드시 비계설정의 역할을 할 수 있다고 말할 수 없다. 소집 단 내에서 비계설정으로서의 선행학습자보다 더 넓은 잠재적 발달 수준 을 가지고 있는 학습자가 있는 경우라면 선행학습자는 다른 동료의 도움 을 받게 될 수도 있다.

Ⅳ. 한국어 교수-학습 방법 연구 결과 및 논의

1. 협동학습 집단 편성과 성취도

1.1. 협동학습 집단 편성 방법에 따른 성취도

본 연구는 한국어 교수-학습에서 협동학습 전략을 활용할 때 학습자 간의 친밀감을 고려하여 학습자들이 자율적으로 소집단을 구성하게 한 경우와 학습자의 능력에 따라 소집단을 구성한 경우의 두 가지 방법으로 나누어 집단 편성 방법에 따른 학습 성취도의 차이를 살펴보았다.

협동학습에서 가장 중요한 것은 소집단 구성원 간의 상호작용이다. 상호작용은 면대 면의 상황에서 이루어지기 때문에 학습자 간에 형성된 친밀감은 학습자 간 대화의 시작을 원활히 이끌어 줄 것이다. 따라서 협동학습 집단 편성에 있어 친밀감의 요소를 고려해 볼 만하다. 또한 본 연구에서 친밀감을 고려한 것은 피험자인 태국인 학습자들의 특성을 고려한 것이기도 하다. 태국인 학습자들의 특성은 질문을 하지 않는다는 것이다. 이 특성은 한국어 학습에서만 나타나는 것이 아니라, 타 교과의 학습에서도 똑같이 나타나는 현상이다. 태국 초, 중, 고등학교에서의 교수-학습은 아직 교사 중심으로 이루어지고 있다. 하나의 교과 내에서도 학습자들의 수준에 따른 학습의 기회를 제공하고 융통성 있는 학제를 운영하고 있음에도 불구하고 교실 내 교사와 학습자의 관계는 상당히 엄격하고 교사 지배적이어서 교사-학습자 간 또는 학습자-학습자 간의 상호작용은 활발하지 못한 편이다. 또한 태국인 학습자들은 친밀감이 형성되기 전까지는 대화의 문을 열지 않는 편이다. 이러한 교실 분위기에서 성장한 태국인 학습자들에게 수업 중 친밀감이 없는 타인과 대화를 시작하는 것은 쉽지 않은 일이기 때문에 활발한 상호작용을 기대하기 어렵다. 따라서 학습자들이 서로 간의 친밀감에 따라 자율적으로 형성한 협동학습 집단에서는 학습자들이 과제 해결의 과정에서 친밀감을 바탕으로 활발히 상호작용할 것으로 예상된다. 이러한 자율적 소집단 형성은 태국인 학습자가 아니더라도 유대감을 바탕으로 학습자 간 상호작용의 시작을 원활히 이끌어 줄 것이다.

자율적으로 형성된 협동학습 집단과 학습자의 능력에 따라 편성된 협동학습 집단의 성취도 평균은 다음과 같다. 아래의 통계는 각각의 방법으로 편성된 집단에서 협동학습 전략을 활용하여 4번씩 교수-학습한 결과이다.

〈표 14〉 협동학습 집단 편성 방법에 따른 성취도 평균과 표준편차

	학생수[16] N	평균 M	표준편차 SD
자율적 집단 편성	68	8.44	1.238
능력에 따른 집단 편성	68	8.66	1.074
전체	136	8.55	1.160

<표 14>에서 보면 자율적으로 집단 편성을 했을 때의 평균은 8.44이며, 학습자의 능력에 따른 이질적 집단 편성을 했을 때는 8.66이다. 학습자의 능력에 따라 소집단을 편성했을 때의 성취도 평균이 높긴 하지만, 너무나 근소한 차이이기 때문에 일원배치 분산분석을 통해 두 평균값의

---

16) <표 11>에서 1차시~4차시 수업은 자율적으로 소집단을 편성한 수업이었고, 5차시~8차시는 학습자의 능력에 따라 이질적으로 소집단을 편성한 수업이었다. 매 차시 학습자 수는 연구 대상에서 밝힌 것과 같이 17명이었다. 17명의 학생이 두 가지 집단 편성 방법에 따라 4번씩 수업을 하였으므로 학생수가 각각 68명이 된 것이다.

차이가 유의미한지를 살펴보았다.

〈표 15〉 협동학습 집단 편성 방법에 따른 성취도 분산분석

	제곱합	자유도	평균제곱	F
집단-간	1.654	1	1.654	1.232
집단-내	179.985	134	1.343	
합계	181.640	135		

<표 15>의 분산분석 결과를 보면 자율적 집단 편성 방법과 능력에 따른 집단 편성 방법은 통계적으로 유의한 차이가 없는 것으로 나타났다. 다시 말해 자율적 집단 편성 방법에 의한 학습 성취도의 평균이 낮게 나왔으나 그 차이가 너무 근소하기 때문에 성취도 평균의 차이를 인정하지 않고 두 가지 집단 편성 방법의 효과는 차이가 없는 것으로 본다.

협동학습의 집단 편성 방법과 관련하여 능력별 집단 편성에 대한 부정적인 견해가 있기는 하지만 많은 연구들에서 이질적 집단 편성 방법의 효과성을 인정하고 있다. Slavin(1995), Johnson & Johnson(1999), Mevarech(1999) 등은 협동학습에서 학습자의 학습능력을 고려하는 이질적 집단 편성의 필요성을 강조하고 있으며, 협동학습 관련 연구는 대체로 이질 집단에서 수행되었고, 실제로 이질적 집단에서 협동학습의 효과가 있는 것으로 보고되고 있다(고영남, 2002). 이러한 이질 집단 편성 방법과 그 효과성을 비교한 자율적 집단 편성 방법이 학습자 성취도에 있어서 비슷한 결과를 보인 것은 자율적 집단 편성 방법이 이질 집단 편성 방법과 비슷한 효과를 가지고 있다고 할 수 있을 것이다.

협동학습에 있어 자율적 집단 구성의 효과를 살펴보고자 한 또 다른 이

유는 외국어로서 한국어를 학습하는 대상은 주로 성인 학습자이기 때문
이다. 성인 학습자는 아동이나 청소년 학습자보다 학습에 대한 의지를 가
지고 있고 경우에 따라서는 꼭 이루어야 하는 목표를 가지고 있기도 하
다. 따라서 학습자에게 협동학습 집단 구성의 권한을 부여할 경우 성인학
습자들은 학습 결과에 책임감을 가지고 스스로 학습의 효과를 높일 수 있
는 집단을 형성하려고 노력할 것이다.

　협동학습 집단 편성을 학습자의 자율에 맡긴다면 학습자들은 친밀감을
가지고 있으면서도 자신에게 도움을 제공할 수 있는 능력 있는 동료 학습
자들과 집단을 구성하리라 예상했었다. 실험 결과 자율적 집단 편성 방법
이 능력별 집단 편성만큼 효과적이었던 것은 학습자 간의 친밀감과 함께
학습자들이 스스로 소집단을 구성하면서 동료 학습자들의 능력을 고려했
음을 짐작해 볼 수 있다. 또한 실험 수업 후에 이루어진 인터뷰를 통해서
그것을 확인할 수 있다. 인터뷰는 2-4명의 학생이 함께 하였으며, 학생들
의 한국어 실력이 능숙하지 않기 때문에 태국인 한국어 선생님의 도움을
받아 이루어졌다. 질문을 잘 이해하지 못하는 경우 태국인 선생님이 태국
어로 질문을 했으며, 충분한 대답을 얻기 위하여 한국어 또는 태국어로
자유롭게 대답할 수 있도록 하였다.

교 사:　협동학습을 할 때 어떤 친구와 같이 공부하는 것이 좋아요?
학생1:　친한 친구하고 같이 공부하기 좋아요.
학생2:　저도 친한 친구하고 공부하기 더 좋아요.
　　　　그런데 친한 친구 많이 잘 알면 더 좋아요.
교 사:　그럼, 자율적으로 그룹을 만들었을 때 어떻게 그룹을 만들었어요?
학생2:　친한 친구 먼저 그룹 만들어요.
학생1:　네, 친한 친구 먼저요. 그리고 공부 잘 하는 친구요.
학생2:　친한 친구 먼저 생각해요. 그리고 공부 잘 많이 친구 생각해요.

또한 학습자들 간의 친밀도가 성취도에 영향을 미치는지 살펴보기 위해 소집단 구성원 사이의 친밀도를 조사하고 성취도를 비교해 보았다. <표 16>에서 보는 것처럼 친밀도가 높은 소집단이 그렇지 못한 소집단보다 큰 폭은 아니지만 성취도가 높게 나타났다. 또한 학습자들 스스로 구성한 소집단이 학습능력에 있어서 상위나 하위능력으로 치우치지 않고 대체로 고르게 분포함을 볼 수 있다.

〈표 16〉 자율적 집단 편성에서 소집단별 친밀도와 학습능력

	소집단1	소집단2	소집단3	소집단4
성취도 평균	8.81	8.50	8.94	8.45
집단 친밀도[17]	2.4	2.4	2.6	1.8
상위 능력	1명	1명	1명	2명
중위 능력	3명	2명	2명	없음
하위 능력	없음	1명	1명	3명

학습자들 스스로 형성한 소집단의 구성원들은 2명, 3명씩 혹은 전체 구성원 4명이 모두 평소 높은 친밀감을 유지하는 관계였고, <표 16>에서 보는 것처럼 각 소집단은 각기 다른 능력의 학습자들로 구성된 이질적 집단 있었다. <표 16>에서 소집단별 성취도 평균은 근소하지만 소집단 간에 차이가 있었다. 하위능력의 학습자가 가장 많은 소집단4는 상위능력의 학습자가 2명이나 있었지만, 평균이 가장 낮게 나타났다.

Vygotsky는 또래들 간의 인지적 갈등은 협동적 활동에 참여하는 아동들이 서로 그 과제 상황에 대한 공동의 의견을 모으고 상호주관성에 도달할

---

17) 집단 친밀도는 소집단 내에서 각 구성원에 대하여 친근한 정도에 따라 3, 2, 1로 표시하게 하여 평균을 낸 것이다. 따라서 소집단 구성원 간에 친밀도가 높을수록 집단 친밀도가 3에 가깝다.

수 있을 때 인지발달을 촉진시킬 수 있다고 한다. 또한 Vygotsky 계열의 연구자들은 상호작용이 효과적으로 이루어지기 위해서는 아동들이 공동의 목표를 달성하기 위해 노력해야 한다고 주장하였다. Forman & Cazden(1985)의 연구는 또래 교수(peer-tutoring) 상황에서 아동들은 질문자와 교사의 역할을 서로 바꾸어 가며 매우 효과적으로 서로를 가르칠 수 있음을 보여주었다.

또한 Forman & Cazden는 공동 활동의 과정에서 아동들이 여러 과제들을 더 잘 이해하게 되는 방법들을 조사하였는데 공동 활동의 가장 중요한 특징은 '사회적 조정(social coordination)'에 개입하는 짝의 능력이라고 한다. 이 연구에서 처음에 학생들은 짝과의 활동을 조정하려고 시도하지 않았으나 7개월이 지나자 많은 아동들이 점차 함께 익숙해지면서 학습할 수 있었다고 한다. Forman & Cazden의 연구에서 아동들이 짝과의 활동을 시도하지 않다가 시간이 흐른 후 이러한 시도를 했다는 것은 서로에 대한 이해 즉 상호주관성이 확립되지 않았던 것이다. 아동들이 서로 간에 친밀감을 가지고 있다면 공동의 의견을 모으고 상호주관성에 도달하기는 훨씬 수월할 것이다. 따라서 학습자 간 친밀감이 상호작용을 촉진하고 활발한 상호작용은 학습의 발달을 이끌게 된다.

이러한 친밀감은 상호주관성의 확립으로 상호작용을 효과적으로 이끌 수 있다는 관점에서 소집단 내의 친밀도를 바탕으로 학습자 성취도의 차이를 살펴볼 필요가 있다. 소집단 내 학습자 간 친밀감의 정도를 조사해 보았다. 소집단 내의 다른 구성원들에 대해 친밀감의 정도는 3, 2, 1로 표시하고 이들의 평균을 조사한 것이 <표 16>의 '집단 친밀도'이다. 소집단 내의 평균적 친밀도는 조금씩 차이가 있었으며 소집단3이 가장 높고 소집단4의 친밀도가 가장 낮았다. 소집단4의 성취도 평균이 가장 낮은 이유가 하위능력의 학습자가 많았기 때문만은 아니라는 걸 알 수 있다. 소집단1과 소집단3을 비교해 보더라도 소집단1은 하위능력의 학습자가 없고 중위능력이지만 중위에서도 상위에 근접한 학습자가 2명이나 있으나 소집단3보다 성취도 평균이 낮은 것은 학습자 간 친밀도의 영향으로 볼 수 있다. 더욱이 소집단 2와 3은 상위능력1명, 중위능력 2명, 하위능력 1명의 같은 비율의 학습능력 집단을 구성하고 있지만, 소집단2가 성취도 평균이 더 낮은 것은 학습자 간 친밀도가 소집단3보다 낮기 때문에 학습자 간 상호작용이 소집단3보다 활발하지 않은 것으로 볼 수 있다. 학습자 간 친밀도는 협동적 과제 수행에서 상호작용의 시작을 원활히 이끌고 상호작용의 과정을 활발히 이루어지게 하여 학습 성취도를 높였다고 할 수 있다. 다음 인터뷰는 친밀도가 낮은 동료 학습자들 간의 상호작용이 어렵다는 것을 나타내고 있다.

교 사: 친한 친구하고 공부하는 것이 더 좋다고 했지요?
학 생: 네, 맞아요.
교 사: 그럼 왜 친한 친구하고 공부하는 것이 더 좋아요?
학생1: 친한 친구에게 질문하기 쉬워요.
학생2: 친한 친구는 안 부끄러워요.
학생3: 안 친한 친구에게 질문하기 안 좋아요.
교 사: 안 친한 친구랑 같이 공부할 때 모르는 것이 있으면 어떻게 해요?
학생3: 저는 사전 찾아요.
학생1: 질문 안 해요.
교 사: 사전이 없으면 어떻게 해요?
학생2: 질문 안 해요. 그리고 집에 가서 (사전을) 봐요.
학생1: 수업 후에 선생님에게 질문해요.
학생3: 저는 친한 친구(와) 같이 안 친한 친구에게 질문해요.
학생2: 저도 친한 친구 있으면 안 친한 친구에게 질문할 수 있어요.

이러한 결과를 통해 한국어 교수-학습에서 협동학습 전략을 활용한다면 소집단 편성을 학습자 자율에 맡기어 이미 유대감이 형성된 상태에서 상호작용을 활발히 할 수 있도록 하는 것이 학습의 효과를 높일 수 있음을 알 수 있다. 이러한 자율적 집단 편성 방법은 학습자의 연령과 관련해서 성인 학습자를 대상으로 할 때 더 유용할 것이다. 또한 다양한 국적의 서로 간의 친밀감이 전혀 없는 학습자들이 모인 국내 한국어교육기관보다는 학습자들 간에 친밀감이 형성되어 있는 국외의 한국어교육기관에서 더 유용한 방법이 될 것이다.

1.2. 협동학습 집단 편성 방법과 학습자의 학습능력

협동학습의 소집단 편성에서 많은 연구들은 이질적인 집단 편성이 협동학습의 효과를 높인다고 강조한다. 그러면서 제기되는 문제는 학습능력이 서로 다른 학습자들로 이루어진 소집단에서 어떤 학습자에게 더 도움이 될까에 대한 것이다. Slavin(1995)는 이질적 집단에서 협동학습은 상위능력 학습자와 하위능력 학습자 모두에게 도움이 된다고 말한다. 그러나 이에 반하는 주장도 있으며, 상위능력 학습자와 하위능력 학습자 각각에 미치는 차별적 효과에 대해 학자들은 서로 다른 주장을 한다.

이와 같이 이질적 집단 편성에 의한 협동학습에서 학습자의 능력에 따라 효과성이 다르다고 한다. 그래서 성인학습자를 대상으로 한 한국어 교수-학습에서 집단 편성 방법에 따라 학습 성취도 평균은 비슷했지만, 자율적 집단 편성과 능력에 따른 집단 편성 방법이 상위능력 학습자, 중위능력 학습자, 하위능력 학습자에게 어떤 영향을 미치는지 살펴보았다.

다음은 집단 편성 방법에 따른 학습능력 집단별 평균과 표준편차이다. 학습자의 능력을 상위, 중위, 하위로 나눈 성취도 점수는 능력에 따른 집단 편성에 활용되었던 중간고사 점수와 협동학습과 비계설정 전략의 유용성을 검증했던 두 번의 협동학습 성취도를 활용하였다. 그리고 상, 중, 하로 학습자 능력을 나눈 기준은 1SD(표준편차) 안에 들어 있는 68%의 학습자를 중위능력 학습자로 1SD 밖에 있는 학습자를 각각 상위와 하위 학습자로 분류하였다. 이때 동점자는 같은 능력 집단의 학습자로 처리 하였다. 따라서 상위능력 집단 5명, 중위능력집단 7명, 하위능력 집단 5명이 되었다.

〈표 17〉 집단 편성 방법에 따른 학습능력 집단별 평균과 표준편차

	자율적 집단 편성			능력에 따른 집단 편성		
	학생수	평균	표준편차	학생수	평균	표준편차
상위 집단	20	9.30	.923	20	9.15	.875
중위 집단	28	8.39	1.166	28	8.54	1.201
하위 집단	20	7.62	1.089	20	8.35	.933
전체	68	8.44	1.238	68	8.66	1.074

<표 17>에서 보는 것처럼 두 집단 편성 방법 모두에서 상위능력 집단, 중위능력 집단, 하위능력 집단의 순으로 평균의 차이를 나타내었다. 그러나 자율적 집단 편성일 때와 능력에 따른 집단 편성일 때의 학습능력 집단별 평균과 표준편차를 비교해 보면 서로 다른 현상을 찾아볼 수 있다. 상위능력 집단은 능력에 따른 집단 편성일 때 평균이 더 낮아졌다. 그에 반해 중위능력 집단과 하위능력 집단은 능력에 따른 집단 편성일 때 평균이 더 높게 나타났다. 능력에 따른 집단 편성에서 중위능력 학습자들의 평균 차이는 미세하지만, 하위능력 집단의 학습자들은 평균 차이가 크게 나타났다. 자율적 집단 편성일 때와 능력에 따른 집단 편성일 때 전체 학습자 평균 차이의 대부분은 하위능력 집단 학습자들의 성취도 차이에서 이루어졌다고 할 수 있을 것이다. <그림 3>에서 세 학습능력 집단의 변화를 쉽게 이해할 수 있을 것이다.

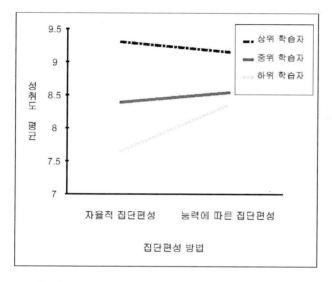

〈그림 3〉 집단 편성 방법에 따른 학습능력 집단별 평균

<그림 3>에서 보는 것처럼 상위능력 학습자 집단의 그래프는 능력에 따른 집단 편성에서 하강하고 있고, 중위능력과 하위능력 학습자 집단의 그래프는 상승하고 있다. 그러나 하위능력 학습자 집단의 그래프 기울기가 더 급하다는 것을 알 수 있다.

하위능력 학습자 집단이 능력에 따른 집단 편성 방법을 활용할 때 성취도가 상승한 것은 자율적 집단 편성일 때 소집단4의 학습자 구성이 하나의 원인으로 작용한 것으로 보인다. <표 16>의 자율적 집단 편성의 소집단별 구성을 살펴보면, 소집단1은 중위능력 학습자가 많았고, 소집단2와 3은 바람직한 이질집단 구성의 형태를 보였다. 이에 반해 소집단4는 구성원이 다른 집단보다 많고 상위능력 학습자들이 2명이나 있었지만, 이에 반해 하위능력 학습자가 3명으로 가장 많은 하위능력 학습자로 구성되어 있었다. 이처럼 많은 수의 하위 능력 학습자로 구성되었기 때문에 각 소집단에 학습자의 능력이 고르게 배치된 능력별 집단 편성을 했을 때보나

하위능력 학습자들의 성취도가 낮게 나타난 것이다. 자율적 집단 편성의 소집단별 성취도 평균에서도 소집단4의 평균이 가장 낮았던 것도 이러한 하위능력 집단 학습자가 3명이나 있었기 때문이었다. 소집단4의 경우 하위능력 학습자들이 많았기 때문에 이들이 가진 잠재적 능력을 발달시킬 수 있을 만큼의 유능한 동료의 도움이 충분히 제공되지 않았기 때문으로 볼 수 있다.

또 한 가지 집단 편성 방법에 따른 개별적인 학습자의 변화에서 특이한 경우는 소집단1에 있던 중위능력 학습자이다. 중위능력 학습자들의 경우 능력별 집단 편성을 했을 때나 자율적 집단 편성을 했을 때 거의 비슷한 성취도를 나타내면서 능력별 집단 편성을 했을 때가 약간 더 높게 나타났다. 그런데 소집단1의 중위능력 학습자 1명은 능력별 집단 편성을 했을 때 더 낮은 성취도를 보였다. 그 이유를 능력에 따른 집단 편성일 때의 학습자 간 친밀도에서 찾아볼 수 있다. 이 학습자는 능력에 따른 소집단의 구성원들과 거의 대화가 없는 서먹한 관계였으며, 협동학습 과정에서도 다른 학습자들이 활발히 대화를 나누고 있음에도 침묵을 유지하는 것을 여러 번 관찰할 수 있었다.

이와 같은 결과들을 통해 소집단 구성이 지나치게 하위 능력 학습자들이 많은 경우는 성취도 향상에 도움이 되지 않는다는 것을 알 수 있었다. 또한 협동학습 과정에서 근접발달영역이 생성되더라도 동료 학습자들의 도움이 충분히 제공되지 않으면 학습 발달이 덜 이루어질 수 있다는 것을 알 수 있었다. 즉 Vygotsky 이론에 따르면 잠재적 발달 수준에 있는 능력을 실제적 발달 수준까지 발달시킬 수 없다는 것이다. 따라서 협동학습의 집단을 구성할 때에는 학습자의 능력과 함께 학습자 간 친밀도를 고려해야 활발한 상호작용을 가능하게 할 수 있을 것이다. 또한 활발한 상호작용이 학습자들이 가진 서로 다른 학습능력에 의해 형성된 근접발달영역에서 잠재적 능력을 실제적 능력으로 최대한 이끌어내는 바탕을 마련할 것이다.

2. 비계설정으로서의 선행학습자의 수준과 성취도

2.1. 선행학습자의 수준에 따른 성취도

Vygotsky는 아동의 사회적 세계와 내적 세계와의 관계를 매우 중시하였다. 아동이 언어 등의 기호체계를 매개로 성인이나 유능한 또래와 사회적 상호작용을 하게 되면 이러한 사회적 상호작용이 개인의 발달을 이끌어 내는 교육을 가능하게 한다고 보았다. 이는 사회적 관계 속에서 아동이 성인이나 더 나은 동료들의 도움을 받아 그들의 사고와 행동의 양식을 모방하면서 학습이 가능하게 된다는 것이다. 이러한 Vygotsky의 발달에 관한 주장에 대해 여러 연구자들은 성인과 아동, 유능한 아동과 아동 간 즉 교수-학습 상황에서의 교사와 학습자, 학습자와 학습자 간 상호작용이 어떻게 발달을 이끌어 내는지를 비계설정으로 설명한다. 교수-학습 상황에서 학습자들은 교사나 더 나은 동료 학습자들과의 대화 등의 상호작용을 통해 학습 발달에 도움이 되는 발판을 마련한다는 것이다. 이러한 비계설정은 근접발달영역 내에서 개인 간 발달이 어떻게 개인 내 발달로 내면화 되는지를 설명하고 있다. 마치 건물을 건축할 때 인부들이 재료를 운반하며 오르내릴 수 있도록 건물 주변에 세우는 장대나 판자와 같이 학습자의 근접발달영역 내에서 상호작용을 통한 도움이 교수-학습을 효과적으로 이끄는 역할을 한다는 것이다.

본 연구에서는 이러한 비계설정의 역할로 선행학습자를 협동학습의 각 소집단에 배치하였다. 이들은 다른 동료 학습자들보다 선행한 지식을 가지고 있음으로써 동료 학습자들과 협동적 과제 해결을 할 때에 도움을 제공하여 학습의 성취도를 높이는 '더 나은 동료 학습자'의 역할을 하리라 기대했다. 또한 비계설정으로서의 선행학습자의 수준에 따라 소집단의 성취도에 차이가 있는지를 살펴보고자 상위능력의 선행학습자, 하위능력의 선행학습자를 설정했다. 또한 비계설정으로서 선행학습자가 동료들에게 도움을 제공하고자 하는 의욕을 가지고 있는 경우 선행학습자의 능력과 상관없이 더 높은 성취도를 보일 수 있는지를 살펴보기 위해 자발적 선행학습자도 설정했다. 다음은 비계설정으로서 선행학습자의 유형에 따른 평균과 표준편차를 나타낸 것이다.

〈표 18〉 선행학습자의 수준에 따른 평균과 표준편차

	학생수18) N	평균 M	표준편차 SD
상위 선행학습자	34	8.94	.736
하위 선행학습자	34	8.03	1.167
자발적 선행학습자	34	8.00	1.456
전체	102	8.32	1.228

<표 18>에서 보는 것처럼 상위능력, 하위능력 및 자발적 선행학습자일 때 학습자들의 성취도 평균에는 차이가 있었다. 상위능력의 선행학습자일 때 가장 높은 성취도 평균을 나타내었고 하위능력 선행학습자일 때와 자발적 선행학습자일 때는 거의 차이가 없었다. 이러한 차이가 유의미한지를 알아보기 위해 일원배치 분산분석을 하고 집단 간의 차이가 통계적으로 의미가 있는지를 알아보기 위해 Scheffé사후 검정을 해 보았다.

---

18) 학생수가 34명인 것은 자율적 집단 편성일 때와 능력에 따른 집단 편성일 때 각각 17명의 학생이 실험 수업의 대상이었기 때문에 두 경우를 합쳐서 34명에 대한 성취도를 비교한 것이다.

〈표 19〉 선행학습자의 수준에 따른 성취도 분산분석

	제곱합	자유도	평균제곱	F	사후검증
집단-간	19.471	2	9.735	7.255	a > b, c
집단-내	132.853	99	1.342		
합계	152.324	101			

**p < .01

a:상위 선행학습자 , b:하위 선행학습자 , c:자발적 선행학습자

<표 19>에서처럼 선행학습자의 수준에 따른 성취도 평균의 차이는 $F(2, 99)=7.255$로 통계적으로 유의미하였다. 또한 Scheffé사후 검정에 따르면 하위능력 선행학습자일 때와 자발적 선행학습자일 때는 차이가 없으나 상위능력 선행학습자일 때와 하위능력 선행학습자, 상위능력 선행학습자일 때와 자발적 선행학습자일 때 간에는 유의미한 차이가 있다. 따라서 상위능력 선행학습자를 비계로 설정했을 때가 하위능력 또는 자발적 선행학습자를 비계로 설정했을 때보다 학습자들의 성취도를 높일 수 있었다.

그러나 하위능력 선행학습자를 비계로 설정했을 때 그 효과성이 전혀 없다고 말할 수는 없다. 먼저 자율적 집단 편성에서 하위능력 학습자를 비계로 설정했을 때 각 소집단의 하위능력 선행학습자의 진정성을 검토해 보았다. <표 16>에서 살펴보았듯이 소집단1에는 하위능력의 학습자가 없었다. 따라서 하위능력의 학습자라고 할 수 없지만, 소집단 내에서 가장 학습 성취도가 낮은 학생을 선행학습자로 설정했었다. 따라서 하위능력 선행학습자에 대한 앞으로의 논의에서는 자율적 집단 편성에 의해 구성된 소집단1의 하위능력 선행학습자는 제외한다. 자율적 집단 편성에 의한 나머지 3개의 소집단과 능력별 집단 편성에 의한 4개의 소집단의 하위능력 선행학습자들의 개별 성취도를 살펴보았다.

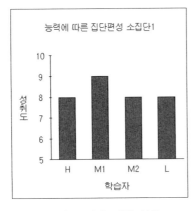

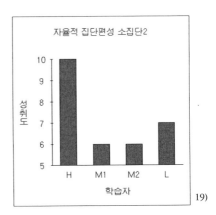

〈그림 4〉 소집단1 개별 성취도   〈그림 5〉 소집단2 개별 성취도

<그림 4>와 <그림 5>는 하위능력 학습자가 비계로 설정되었던 소집단 중 2개의 소집단 구성원의 개별점수이다. 하위능력 선행학습자의 성취도는 각각 자신이 속한 소집단 내에서 가장 낮은 점수를 나타내지는 않았다. <그림 4>의 능력에 따른 집단 편성 소집단1의 하위능력 선행학습자의 성취도는 상위능력, 중위능력 학습자의 성취도와 같았고 <그림 5>의 자율적 집단 편성 소집단2의 하위능력 선행학습자의 성취도는 중위능력 학습자의 성취도보다 높았다. 비계설정 전략 유용성 검증에서 살펴보았듯이 비계설정으로서의 선행학습자가 없었을 때보다는 하위능력의 학습자가 비계로 설정되었을 때 소집단의 성취도 평균이 높았다. 이 결과를 참고해 본다면 하위능력의 학습자를 비계로 설정할 경우 근접발달영역 내에서 하위능력의 학습자보다 높은 능력을 가진 학습자들이 가진 잠재적 능력을 충분히 실제적 능력으로 끌어올릴 수는 없는 것으로 보인다. 또한 하위능력의 선행학습자들은 선행학습을 통해 기본

---

19) <그림 4>, <그림 5>의 H, M1, M2, L은 각각 상위, 중위1, 중위2, 하위능력의 학습자를 나타낸다.

학습 내용을 충분히 이해했지만 동료 학습자들에게 도움을 제공하는 과정에서 설명 방법의 부적절함, 이해한 것을 표현하는 능력 등에서 하위능력 선행학습자 자신보다 높은 학습 능력을 가진 학습자들을 충족시키지 못하기 때문에 비계설정의 효과성이 떨어진다고 할 수 있다. 이처럼 하위능력의 학습자들이 비계로서의 역할을 수행하는 것은 가능하다. 그러나 소집단 구성원 모두에게 우수한 동료 학습자로서 잠재적 발달 수준을 실제적 발달 수준으로 나아갈 수 있는 정도의 도움은 제공할 수 없는 것으로 보인다. 따라서 하위능력 학습자를 비계로 설정하면 비계설정이 없을 때보다는 학습 성취면에서 더 다은 효과를 기대할 수는 있다. 그러나 상위능력의 학습자를 비계로 설정했을 때와 같은 큰 효과는 기대할 수 없고, 다만 하위능력 학습자 자신의 학습 발달에는 매우 효과적이라 할 수 있다.

앞에서 하위능력 선행학습자를 비계로 설정했을 때 그 효과성이 전혀 없다고 말할 수 없었던 것처럼 하위능력 선행학습자일 때와 자발적 선행학습자일 때 평균의 차이가 없지만 자발적 선행학습자의 설정이 단순히 하위능력의 선행학습자만큼의 효과밖에 없다고 말할 수도 없다.

자발적 선행학습자를 비계로 설정했을 때의 성취도 평균은 하위능력 선행학습자와 통계적으로 유의미하지 않을 정도로 차이가 없었다. 이와 같은 성취도 결과는 각 소집단의 선행학습자 학습능력에서 그 이유를 찾을 수 있었다. 자발적 집단 편성 방법에 의해 구성된 소집단 4개와 능력에 따른 집단 편성 방법에 의해 구성된 소집단 4개의 자발적 선행학습자의 학습능력을 살펴보았다.

〈표 20〉 자발적 비계설정에서 소집단별 평균과 선행학습자 능력

자율적 집단 편성			능력에 따른 집단 편성		
소집단	선행학습자	평균	소집단	선행학습자	평균
소집단A[20]	상위능력	8.50	소집단E	상위능력	8.75
소집단B	중위능력	8.50	소집단F	하위능력	7.25
소집단C	중위능력	8.00	소집단G	중위능력	9.00
소집단D	상위능력	8.20	소집단H	하위능력	7.00

<표 20>에서 보듯이 8개의 소집단 중 2개의 소집단이 하위능력의 선행학습자가 비계로 설정되었음을 볼 수 있으며 중위능력의 학습자가 비계로 설정된 소집단도 3개 있었다. 앞서 하위능력의 학습자들이 비계로서의 역할 수행은 가능하나 그 효과가 미비함을 언급했었다. 따라서 이러한 선행학습자의 학습능력으로 인해 자발적 선행학습자를 비계로 설정했을 때 전체 소집단 성취도 평균이 낮아진 것이다. 이처럼 하위능력의 학습자가 선행학습자를 희망하는 경우는 의지를 가지고 있을 지라도 그의 학습능력 수준이 다른 동료들의 도움 요청에 충분히 대처할 수 없기 때문에 효과적이라 하기는 어렵다.

그러나 중위능력의 학습자의 경우는 자발적 의지를 가지고 있다면 그 효과성을 기대해 볼 만하다. 소집단B와 G의 경우를 살펴보면 소집단B는 같은 과제를 수행했던 다른 세 개의 소집단과 비교했을 때 소집단A와 함께 가장 높은 성취도 평균을 얻었다. 또한 소집단G도 같은 과제를 수행한 소집단E, F, H와 비교했을 때 가장 높은 성취도 평균을 나타내었다. 소집단B는 같은 과제를 수행했던 소집단D가 상위능력의 학습자가 비계의 역할을 했음에도 불구하고 소집단D보다 평균이 높고, 상위능력의 학습자가 비계설정 된 소집단A와 평균이 같다. 소집단G도 같은 과제를 수

---

20) 소집단의 번호 A-H는 설명의 편의를 위하여 임의로 정한 것이다.

행한 소집단E가 상위능력 학습자가 비계로 설정되었으나 이보다 평균이 높게 나타났다. 이러한 두 가지 경우를 본다면 중위능력 학습자가 도움을 제공하고자 하는 의지를 가지고 있으면 상위능력의 학습자보다 효과적일 수도 있음을 의미한다. 본 연구에서 비계설정을 수행할 학습자를 설정하고 선행학습을 진행하면서 비계로 설정된 학습자들에게 동료들의 도움 요청에 적극적으로 응해 줄 것을 당부했었다. 비계설정의 역할 수행을 강조했던 것이고, 자발적인 선행학습자를 설정했을 때도 동료 학습자들에게 도움을 줄 수 있는 학습자가 아니라 도움을 주고 싶은 희망자를 대상으로 자발적 선행학습자를 설정했었다. 따라서 자발적 선행학습자를 희망했던 학습자들은 도움을 제공하고자 하는 의지를 가지고 있었던 것이라 할 수 있으며 중위능력 학습자가 이러한 도움 제공의 의지를 가지고 있으면 <표 20>에서 보는 것과 같이 비계설정으로서의 효과가 크다는 것을 알 수 있다.

이러한 결과를 바탕으로 한다면 비계설정으로서 선행학습자의 배치는 학습의 성취도를 높이는데 효과적이며, 이때 선행학습자의 학습능력에 따라 그 효과성은 달라진다고 할 수 있다. 상위능력의 학습자가 비계로 설정되었을 때 가장 높은 효과를 나타내며 중위능력 선행학습자도 도움 제공의 의지를 가지고 있다면 역시 학습의 성취도를 높이는데 효과적이다. 그러나 하위능력 선행학습자는 비계설정이 없을 때보다는 효과적일 수 있으나 하위능력 학습자 자신에게 가장 효과적이고 다른 동료 학습자들에게는 그 효과가 미비하다고 하겠다.

2.2. 선행학습자의 수준과 학습자의 학습능력

비계설정으로서의 선행학습자의 수준에 따라 학습 성취도에 미치는 효과가 다르다는 것을 살펴보았다. 협동학습의 이질적 집단 편성이 전체 학습자들의 성취도를 높이는데 효과적이라고 하지만, 그 효과가 어떤 학습 능력을 가진 학습자들에게 더 효과적인지에 대해서는 학자들마다 다른 의견을 가지고 있다. 그렇다면 학습 성취도 향상에 효과적 전략인 비계설 정이 비계의 역할을 수행하는 선행학습자의 수준에 따라 학습능력이 각 자 다른 학습자들에게 어떤 차별적 효과를 미치는지 살펴볼 필요가 있다. 상위능력의 선행학습자가 비계로 설정되었을 때와 하위능력의 선행학습 자가 비계로 설정되었을 때로 나누어 상위, 중위, 하위능력의 동료 학습자 들에게 어떤 영향을 미치는지 알아보았다.

학습자를 상위, 중위, 하위능력의 집단으로 나눈 기준은 협동학습과 학 습자의 학습능력을 살펴볼 때와 마찬가지로 1SD 안에 포함된 학습자들을 중위능력 집단으로 그 밖에 있는 학습자들을 각각 상위능력 집단과 하위 능력 집단으로 나누었다.

다음은 비계설정으로서 선행학습자의 능력 수준에 다른 각 학습능력 집단의 평균과 표준편차이다.

〈표 21〉 선행학습자의 수준에 따른 학습능력 집단별 평균

	상위 선행학습자			하위 선행학습자		
	학생수	평균	표준편차	학생수	평균	표준편차
상위 집단	10	9.50	.707	10	8.70	1.160
중위 집단	14	8.86	.663	14	7.71	1.069
하위 집단	10	8.50	.527	10	7.80	1.135
전체	34	8.94	.736	34	8.03	1.167

<표 21>에서 보면 상위능력 선행학습자 비계설정일 때와 하위능력 선 행학습자 비계설정일 때 상위-하위능력 집단의 평균 차이의 폭은 거의 같 다. 하지만 하위능력 학습자가 비계설정 되었을 때 상위-중위능력 집단

간 평균 차이가 더 커지고 중위-하위능력 집단 간 평균 차이가 더 작아진 것을 볼 수 있다.

Gallimore와 Tharp(1990)의 근접발달영역을 통한 학습능력 발달 단계를 보면 발달이 시작할 때는 더 능력 있는 사람들의 도움어 필요하다. 이때의 충분한 도움이 자기 규제의 단계 즉, 지식을 스스로 통제할 수 있는 단계로 진행하게 되며 이렇게 자기 조절이 가능해야 발달에 도달하고 내면화의 단계로 넘어갈 수 있다.

이러한 근접발달영역을 통한 발달의 단계를 바탕으로 살펴보면 하위능력 학습자가 비계로 설정되었을 때는 첫 번째 단계에서 다른 동료학습자들에게 도움이 충분히 주어지지 않았기 때문에 소집단 구성원들이 학습 내용에 대한 자기 조절이 잘 이루어지지 못하고 따라서 내면화의 단계에 이르지 못한 것이다. 즉 과제 수행능력이 완전한 발달을 이루지 못한 것이라 할 수 있다. 특히 상위능력의 학습자들은 자신이 가진 앞선 발달능력으로 타인의 도움에 덜 의존하면서 약간의 힌트만으로도 자기 규제의 단계, 내면화의 단계로 갈 가능성이 높다고 할 수 있다. 그러나 하위능력 학습자가 비계로 설정되었을 때 상위능력 학습자들의 성취도가 낮아진 것은 상위능력 학습자의 근접발달영역이 비계로서의 하위능력 학습자의 근접발달영역을 넘어서는 범위를 가지고 있기 때문이다. 다음은 비계설정으로서의 선행학습자 역할을 했던 학습자들을 대상으로 한 인터뷰이다. 인터뷰를 통해 이러한 내용을 미루어 짐작할 수 있다.

〈 상위능력 학습자들과의 인터뷰〉

교사 : 선행학습을 한 적이 있어요?

학생 : 네, 있어요.

교사 : 수업하기 전 선행학습 하는 것에 대해 어떻게 생각해요?

학생1 : 저는 좋아요.

학생2 : 네, 저는 아주 좋아해요.

학생3 : 저도 좋아요.

교사 : 선행학습 하는 것이 왜 좋다고 생각해요?

학생2 : Pre-class(선행학습)하고 또 수업해서 두 번 수업해요. 그래서 아주 좋아요.

학생3 : 네, 맞아요. 두 번 공부하니까 오래 생각나요.

학생1 : 저는 먼저 공부해요. 그래서 다른 친구가 질문할 때 잘 말할 수 있어요. 그래서 더 좋아요.

학생4 : 저는 수업 시간에 잘 이해할 수 있어요. 그리고 점수 좋아요.

학생2 : 친구가 질문하면 도울 수 있어요.

위의 인터뷰 내용을 보면 상위능력 학습자들이 모두 선행학습에 대하여 긍정적인 생각을 가지고 있음을 알 수 있다. 그 이유에 대해서는 반복적인 학습을 통해 본 수업에서 이해가 빠르고 학습 내용을 오랫동안 기억할 수 있다고 하였다. 점수가 좋다고 하였는데, 어떤 점수인지에 대한 질문에 수업 중에 이루어지는 형성평가는 물론이고 중간고사 기말고사에서 그 부분에 대한 문제들을 잘 풀 수 있다고 하였다.

또한 주변 친구들의 질문에 대해서 대답을 잘 해줄 수 있고 도울 수 있다고 대답하였다. 친구들에게 도움을 제공하면 본인에게도 도움이 되는지 물었을 때 자신감이 생기고 친구들에게 좋은 인상도 주게 된다고 대답하였다.

〈 하위능력 학습자들과의 인터뷰〉[21]

교사 : 선행학습을 한 적이 있어요?

학생 : 네, 있어요.

교사 : 수업하기 전에 선행학습 하는 것에 대해 어떻게 생각해요?

학생1 : 좋아요.

학생2 : 지수는 좋아해요.

교사 : 선행학습 하는 것이 왜 좋아요?

학생1 : 저는 재미있어요.

학생2 : 저는 수업 시간에 쉬워요.

학생3 : 저는 point(점수) 좋아요.

교사 : 그럼, 선행학습 하면 다른 친구들이 잘 모를 때 설명할 수 있어요?

학생3 : 설명하기 어려워요.

학생2 : 저는 알아요. 그래서 설명해요. 그리고(그런데) 친구 잘 몰라요.(설명하지만 친구는 잘 몰라요.)

학생4 : 저는 <u>카오짜이 막</u>(잘 이해해요.) 친구에게 설명하기 잘 해요.(친구에게 설명을 잘 해요)

학생3 : 저는 설명하기 잘 못해요. 그런데 친구 더 모르면 말해줄 수 있어요.

학생1 : 지수는 설명하기 해요. 그런데 어떤 친구는 알아요. <u>막꽈</u>(더 많이- 어떤 친구는 더 많이 알아요.)

이처럼 하위능력의 학습자들이 비계로서의 역할을 수행할 수는 있으나 소집단 구성원 전체에게 큰 도움을 제공할 수 없는 경우도 있다. 위의 하위능력 학습자들의 인터뷰 내용에서 4명의 학생 중 2명이 설명하는 것이 어렵다거나 잘 못한다고 대답했다. 그러나 자신보다 더 모르는 동료 학습자에게는 설명할 수 있다고 했으며 '학생4'는 자신이 수업의 내용을 더 잘 이해하고 있어서 친구에게 설명할 수 있다고 대답한다. 그러나 선행학

---

21) 인터뷰에서 학생들은 한국어 또는 태국어로 대답할 수 있도록 하였다. 학생들은 되도록 한국어로 대답을 하려고 노력하였지만 단어나 표현이 잘 생각나지 않는 것들은 태국어를 섞어 대답하기도 했다. 밑줄 친 부분은 태국어로 답한 것들이며, 괄호 안에 있는 것들은 태국어 표현을 번역하였거나 정확하지 못한 한국어 표현을 고쳐 놓은 것이다.

습을 왜 좋아하냐는 질문에 대한 대답에서 하위능력 학습자 자신의 학습 능력은 충분히 발달시킬 수 있다는 것을 알 수 있다.

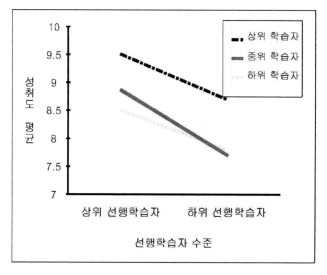

〈그림 6〉 선행학습자 수준에 따른 학습능력 집단별 평균

또한 <그림 6>에서 보는 것처럼 상위능력 학습자보다 낮은 학습능력을 가진 중위능력 학습자들은 상위능력 학습자보다는 더 구체적이고 명확한 더 많은 도움이 그들이 가진 잠재적 능력의 발달을 촉진시켜줄 수 있는데 비계로 설정된 하위능력 학습자가 이를 충족시키지 못했기 때문에 하위능력 학습자보다 성취도가 낮아지게 된 것이다. 하위능력 선행학습자는 이미 선행학습에서 교사로부터 발달의 첫 단계에서 필요로 하는 유능한 타인의 도움을 받은 상태로 과제 수행 과정에서 상호작용을 통해 다른 동료 학습자들의 수행방식을 관찰하고 모방하면서 교사가 제공한 도움에 동료들의 도움을 더하게 되었다고 할 수 있다. 따라서 중위능력 학습자가 하위능력 선행학습자의 아직 완전히 내면화의 단계에 이르지

못한 불완전한 수행능력을 도움으로 받게 되었기 때문에 중위능력 학습자는 같은 과제 수행에서 하위능력 선행학습자보다 낮은 성취도를 얻게 된 것이라 할 수 있다.

이상 비계설정으로서의 선행학습자 수준에 따른 성취도의 차이를 살펴보았다. Vygotsky에 의하면 교수-학습은 아동의 발달을 선도할 수 있다고 한다. 즉 아동에 대해 성인이나 보다 유능한 또래의 적절한 비계설정은 그 아동의 학습을 증진시킨다고 한다. 이러한 Vygotsky의 주장은 비계설정 유용성 검증에서 살펴 본 것처럼 선행학습자를 비계로 설정함으로써 성취도가 높아진 것으로 입증할 수 있다. 또한 이러한 Vygotsky 이론을 구체적으로 한국어 교수-학습에 적용한다면 실험 결과와 같이 상위능력의 학습자가 비계로 설정할 때 가장 효과적으로 학습 성취도를 높일 수 있을 것이다. 그러나 교수-학습 상황에 맞추어 비슷한 능력을 가진 학습자들로 구성된 학습 집단이라면 학습자의 동기적 측면을 고려하여 자발적 선행학습자를 비계로 설정하는 것도 효과적이라 할 수 있다.

3. 학습과제의 유형과 성취도

3.1. 학습과제의 유형에 따른 성취도

객관주의적 인식론에서 비롯된 과제의 분류는 과제들이 학습자에게 어떻게 효과적으로 전달되어 학습되느냐 하는 구조화된 학습과제 분류였다. 이러한 구조화된 과제들은 잘 정리된 개념이나 정보의 적절한 적용을 통해 문제를 해결해 나아가는 데 적합하다 할 수 있다. 그러나 본 연구는 학습자들의 협동적 상호작용에 초점을 두고 상호작용을 활발히 이끌어 내어 학습의 발달을 촉진시킬 수 있는 교수-학습 방법을 찾는데 목적이 있었다. 따라서 본 연구는 구조화된 과제를 배제하고 탐구 학습과제를 제시하여 문제해결 과정에서 학습자들이 일반 학습과제보다 더 많은 상호작용을 통해 성취도를 높이는지 알아보고자 하였다.

다음은 일반 학습과제를 활용한 수업의 성취도와 탐구 학습과제를 활용한 수업의 성취도 평균을 비교한 것이다. 일반 학습과제를 활용한 수업의 성취도는 상위능력 학습자를 비계로 설정했을 때와 하위 능력 학습자를 비계로 설정했을 때의 성취도를 비교 대상으로 삼았다. 비계설정으로서의 선행학습자를 자발적 선행학습자, 상위능력 선행학습자, 하위능력 선행학습자로 나누어 각각 실험 수업을 하였다. 이때 가장 성취도 평균이 높았던 상위능력 선행학습자를 비계로 설정한 수업과 가장 낮은 성취도 평균을 나타내었던 하위능력 선행학습자를 비계로 설정한 수업을 탐구 학습과제를 활용한 수업의 성취도 평균과 비교한 것이다.

〈표 22〉 과제 유형에 따른 성취도 평균[22]

	학생수[23] N	평균 M	표준편차 SD
일반 학습과제1	34	8.94	.126
일반 학습과제2	34	8.03	1.243
탐구 학습과제	34	9.12	.151
전체	102	8.70	1.079

〈표 22〉에서 보는 것처럼 협동학습에서 일반 학습과제를 활용하고 상위능력 학습자를 비계로 설정했을 때의 평균은 8.94, 하위능력 학습자를 비

22) 일반 학습과제1은 일반 학습과제를 활용하고 상위능력 학습자가 비계로 설정되었을 때이다. 일반 학습과제2는 일반 학습과제를 활용하고 하위능력 학습자가 비계로 설정되었을 때이다.

23) 탐구 학습과제나 일반 학습과제 모두 자율적 집단 편성을 했을 때와 능력에 따른 집단 편성을 했을 때의 수업에 대한 성취도이다. 즉 과제별 각각 2번씩의 수업에 대한 성취도이다. 그리고 17명의 학생이 수업을 받았기 때문에 학생수가 34명이 된다.

계로 설정했을 때의 평균은 8.03이다. 탐구 학습과제를 활용할 때의 성취도 평균은 9.12로 탐구 학습과제를 활용했을 때 가장 높은 성취도 평균을 나타냈다. 그러나 일반학습과제1, 즉 일반 학습과제를 활용하고 상위능력 학습자를 비계로 설정했을 때와 탐구 학습과제를 활용했을 때의 평균 차이가 크지 않아 일원배치 분산분석을 통해 그 차이가 유의한지 알아보았다.

〈표 23〉 과제 유형에 따른 성취도 분산분석

	제곱합	자유도	평균제곱	F	사후검증
집단-간	23.196	2	11.598	12.165	b < a, c
집단-내	94.382	99	.953		
합계	117.578	101			

**p < .01
a:일반 학습과제1(상위 선행학습자) b:일반 학습과제2(하위 선행학습자)
c:탐구 학습과제

<표 23>에서 보는 것과 같이 분산분석 결과 탐구 학습과제와 일반 학습과제1 사이의 성취도 평균 차이는 유의미하지 않지만 일반 학습과제2와의 평균 차이는 유의미한 것으로 나타났다.

일반 학습과제를 활용하고 상위능력 선행학습자를 비계로 설정했을 때와 탐구 학습과제를 활용했을 때는 학습자들의 성취도에 비슷한 효과를 나타낸다. 이때 학습항목의 난이도가 성취도 결과에 영향을 주었는지 살펴보았다. <표 10>의 목표 학습항목을 살펴보면 일반 학습과제를 활용한 수업은 '-(으)ㄹ까요', '-(으)려고 하다'이며 탐구 학습과제를 활용한 수업은 'ㅂ 불규칙', '-(으)면'이다. 일반 학습과제의 학습항목 '-(으)ㄹ까요'는 학습자 모국어 표현과 유사한 항목이며, '-(으)려고 하다'는 학습자 모국어의 한 단어로 표현은 가능하지만 활용 측면에서는 차이가 있다. 탐구 학습과제의 학습항목인 'ㅂ 불규칙'은 학습자의 모국어인 태국어가 고립

어이기 때문에 모국어와의 상관성은 없다. 탐구 학습과제의 또 다른 학습 항목인 '-(으)면'은 학습자의 모국어와 의미와 활용이 거의 일치하는 항목이다. 이처럼 모국어와의 상관성은 일치 정도가 조금씩 다르지만 학습자들에게 너무 어렵거나 너무 쉬운 항목이 아니었기 때문에 과제유형에 따른 성취도 결과에 영향을 미치지는 않았을 것으로 보인다.

그러나 일반 학습과제를 활용하면서 하위능력 학습자를 비계로 설정하면 탐구 학습과제를 활용했을 때보다 학습자들의 성취도 향상에 효과적이지 못하다고 할 수 있다. 이때의 학습항목의 난이도도 비교해 보았으나 역시 학습항목이 성취도 결과에 영향을 미치지는 않은 것으로 보인다.

이러한 결과는 협동학습에 있어서 탐구 학습과제가 성취도 향상에 도움을 줄 수 있다는 것을 말해준다. 또한 탐구 학습과제는 학습자의 성취도를 높이는 데 있어서 하위능력 학습자를 비계로 설정했을 때보다 효과적이며 상위능력 학습자를 비계로 설정했을 때와 비슷한 정도의 효과를 나타낸다고 할 수 있다.

Vygotsky(1978)는 학습자의 발달 수준에 적합한 과제를 선정하여 적절히 조절하여 제공함으로써 학습자의 발달을 도울 수 있다고 한다. Vygotsky가 말한 '발달 수준에 적합한 과제'라는 것의 의미는 학습자들이 혼자서는 해결할 수 없지만 성인이나 동료들의 도움을 받아 해결할 수 있는 학습자의 근접발달영역 내에 있는 과제를 말한다. 이러한 Vygotsky의 관점에서 보면 학습자들이 도움을 주고받을 수 있는 상호작용을 가능하게 하는 과제는 구조화된 과제보다는 암시적으로 제시된 정보들을 학습자가 조직하고 원리들을 발견해 나가는 비구조화된 학습과제가 적절할 것이다.

따라서 앞의 결과와 같이 학습자들의 협동적 상호작용을 통해 해결해 나아갈 수 있는 탐구 학습과제는 학습자의 발달을 도와 학습 성취도를 높일 수 있을 것이다.

3.2. 학습과제와 비계설정에 따른 성취도

앞 절에서 학습과제 유형에 따른 학습 성취도의 차이를 살펴보았다. 일반 학습과제를 활용한 교수-학습에서는 자발적, 상위능력, 하위능력의 선행학습자가 있었다. 비계설정으로서의 선행학습자 특히 상위능력 선행학습자는 학습 성취도를 높이는 역할을 하였다. 그러나 탐구 학습과제를 활용한 교수-학습에서는 탐구 학습과제만의 효과성을 살펴보기 위해 비계설정으로서의 선행학습자를 설정하지 않았다. 그 결과 탐구 학습과제는 일반 학습과제를 활용하고 하위능력 학습자를 비계로 설정할 때보다 더 높은 성취도를 나타내었고, 상위능력 학습자를 비계로 설정할 때와는 비슷한 성취도 결과를 나타내었다. 따라서 탐구 학습과제를 활용하거나 상위능력의 선행학습자를 비계로 설정하여 협동학습을 하면 가장 높은 성취도 결과를 얻을 수 있으리라 짐작할 수 있다. 그렇다면 이 두 가지 방법을 함께 활용한다면 학습자들의 성취도가 더 높게 나타나는지 살펴볼 필요가 있을 것이다. 학습자 간 상호작용이 매우 활발한 수업의 과정에서 선행학습자가 성취도 향상에 더 효과적으로 작용하는지 살펴보았다.

똑같이 탐구 학습과제를 활용하면서 상위 선행학습자를 비계로 설정하는 경우와 선행학습자를 설정하지 않는 경우 각각 2번씩의 수업을 실시하고 그 성취도를 비교해 보았다.

탐구 학습과제를 활용한 교수-학습에서 선행학습자의 유무에 따른 성취도 평균은 <표 24>와 같다.

<표 24> 선행학습자 유무에 따른 성취도 평균

	학생수[24] N	평균 M	표준편차 SD
선행학습자 없음	32	8.09	1.692
선행학습자 있음	32	9.25	.672
전체	64	8.67	1.404

<표 24>와 같이 탐구 학습과제를 활용한 수업에서 선행학습자를 비계로 설정한 교수-학습의 성취도가 더 높게 나타났다. 선행학습자의 유무에 따른 평균 차이가 의미가 있는지 살펴보기 위해 일원배치 분산분석을 해 보았다.

<표 25> 선행학습자 유무에 따른 성취도 분산분석

	제곱합	자유도	평균제곱	F
집단-간	21.391	1	21.391	12.911
집단-내	102.719	62	1.657	
합계	124.109	63		

$**p < .01$

<표 25>와 같이 $F(1, 62)=12.911$로 선행학습자 유무에 따른 평균 차이가 통계적으로 유의미하게 나타났다. 따라서 탐구 학습과제를 활용한 수업에서도 선행학습자를 비계로 설정하는 것이 학습 성취도를 높일 수 있는 전략이 된다.

---

24) 탐구 학습과제를 활용한 교수-학습에서 선행학습자의 유무에 따른 학습자 평균은 학습자 16명이 선행학습자의 유무에 따라 각각 2회씩 수업을 한 결과이다. III장 2.1. 연구 대상에서 언급한 것과 같이 대상 학습자의 개인적인 사정에 의에 학업을 중단한 학생이 있어서 대상 학습자가 16명으로 줄었다.

다음은 선행학습자가 비계로 설정되었을 때와 설정되지 않았을 때 각 회차별 평균과 교수-학습의 학습항목 그리고 그 학습항목의 학습자 모국어와의 관련성을 살펴보았다. 모국어와의 관련성 여부에 따른 학습요소의 어려움의 정도가 학습 성취도에 영향을 미칠 수 있기 때문이다.

〈표 26〉 선행학습자 유무에 따른 회차별 성취도 평균

	선행학습자 없음		선행학습자 있음	
	1회	2회	1회	2회
성취도 평균	7.12	8.81	8.93	9.56
학습항목	-겠-	-어/아 주다	-ㄹ게요	-는/은/을
모국어 관련성	X	O	X	X

<표 26>과 같이 선행학습자의 유무에 따른 성취도의 차이가 모국어와의 관련성에 영향을 받았는지 살펴보았다. 선행학습자가 없을 때의 학습 항목인 '-겠'과 '-어/아 주다'를 학습자의 모국어인 태국어와 비교해 보면 '-어/아 주다'는 태국어의 'ให้'라는 단어와 의미와 용법에서 일치하지만 '-겠-'은 유사한 단어나 표현이 없어서 학습자들이 정확히 의미를 이해하기 어렵다. 태국어 'ให้'의 의미는 한국어 '주다'와 일치하며, 다른 동사와 결합하여 '-어/아 주다'와 같은 의미를 나타내어 그 활용에 있어서도 거의 일치한다. 선행학습자가 있을 때의 학습항목 '-ㄹ게요'는 유사한 단어나 표현이 없으며 '-(으)ㄹ 거예요'와 매우 혼란을 일으키는 표현이다. '-는/은/을'은 고립어인 태국어에서는 찾아볼 수 없는 첨가어적인 문법표현으로 동사와 형용사를 구별해야 하고 시제를 고려하여 적절한 형태를 찾아 표현을 완성해야 하기 때문에 학습자들에게 어려운 항목이다. 그러나 '-어/아 주다'는 모국어와 연관성이 아주 깊은 문법 항목임에도 '-ㄹ게요'나'-(으)ㄹ 거예요'보다 낮은 성취도 평균을 나타냈다. 이러한 결과를 살펴볼

때 선행학습자를 비계로 설정한 수업이 어려운 학습항목에서도 학습자의
성취도를 높일 수 있다는 것을 알 수 있다. 따라서 일반 학습과제보다는
탐구 학습과제가 학습자들의 성취도를 높일 수 있으며 탐구 학습과제를
활용하면서 비계설정으로 선행학습자를 활용하면 학습자의 성취도 향상
에 더 효과적이라는 것을 실험 결과로부터 얻을 수 있었다.

다음은 탐구 학습과제를 활용한 교수-학습에서 비계로서 선행학습자
가 설정된 경우와 설정되지 않은 경우 상위, 중위, 하위능력 집단의 성취
도는 어떻게 변화하는지 살펴본 것이다.

〈표 27〉 선행학습자 유무에 따른 학습능력 집단별 평균

	선행학습자 없음			선행학습자 있음		
	학생수	평균	표준편차	학생수	평균	표준편차
상위 집단	10	8.60	1.265	10	9.50	.707
중위 집단	14	8.36	1.393	14	9.29	.611
하위 집단	8	7.00	2.268	8	8.88	.641
전체	32	8.09	1.692	32	9.25	.672

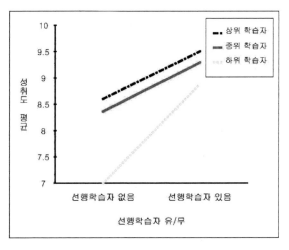

〈그림 7〉 선행학습자 유무에 따른 학습능력 집단별 평균

<표 27>에서 보는 바와 같이 탐구 학습과제를 활용한 수업에서 비계로 선행학습자를 설정했을 때 상위, 중위, 하위능력 집단 모두 평균이 높아졌다. 이때 중위능력 집단 학습자의 성취도는 선행학습자의 유무에 관계없이 상위능력 집단 학습자의 성취도 평균과 아주 근소한 차이를 보였다.

그러나 하위능력 집단 학습자는 <표 27>과 <그림 7>에서 보는 것처럼 비계설정으로서의 선행학습자의 유무에 따라 아주 큰 차이를 보였다. 일반 학습과제보다는 탐구 학습과제를 활용한 수업에서 하위능력 집단 학습자의 성취도가 높아졌으며 탐구 학습과제를 활용하면서 선행학습자를 비계로 설정했을 때 더 높은 성취도 향상을 보였다. 선행학습자를 비계로 설정하면서 선행학습을 할 때 해당 선행학습자들에게 소집단 구성원들이 도움을 필요로 할 때 적극적으로 도움을 제공할 것을 당부했었다. 중위능력 집단과 하위능력 집단의 이와 같은 결과는 협동적 상호작용을 통해 주고받는 도움의 성질과 관련된 것으로 볼 수 있다. 중위능력 집단 학습자는 자신들이 가진 근접발달영역에서 상호작용의 기회를 많이 제공하면 스스로 자기 규제 단계와 내면화의 단계에 도달할 능력을 가지고 있는 반면 하위능력 학습자는 상호작용의 과정에서 더 적극적인 타인의 도움을 필요로 한다고 볼 수 있다. 따라서 이러한 결과를 통해 중위능력 학습자의 효과적인 성취도 향상을 위해서는 협동적 상호작용의 기회를 확대 시켜주는 것이 학습자의 성취도를 높일 수 있을 것이다. 그리고 하위능력 학습자에게는 협동적 상호작용에서 적극적인 도움을 제공하는 것이 성취도 향상에 효과적이라는 것을 알 수 있다.

V. 협동적 상호작용을 활용한 한국어 교수-학습 방법

이 연구는 한국어 교수-학습에서 학습자 간의 상호작용을 통해 학습의 성취도를 높일 수 있는 학습자 중심의 교수-학습 방법을 찾고자 했으며 Vygotsky의 근접발달영역 이론에서 교수-학습 방법의 전략을 마련하였다. 사회적 구성주의자인 Vygotsky는 아동의 고등정신기능의 발달은 사람들 사이의 사회적 상호작용에서 시작되며 이렇게 개인 간의 상호작용으로 형성된 고등정신 기능은 개인 내부로 내면화됨으로서 독립적인 발달을 이루게 된다고 하였다. 이때 아동이 독립적으로 문제를 해결할 수 있는 실제적 발달수준과 개인들 간의 상호작용을 통해서만 도달할 수 있는 잠재적 발달수준의 차이를 Vygotsky는 근접발달영역이라고 하였다. 근접발달영역은 개인들 사이에 일어나는 상호작용이 개인 내부로 내면화되는 지점이다.

근접발달영역 개념에서 발달을 이루기 위한 바탕이며 가장 중요한 것은 개인 간 상호작용이며 이 연구에서는 학습자와 학습자 간의 상호작용에 초점을 두었다. 따라서 학습자 간 상호작용이 활발히 이루어질 수 있는 수업의 환경으로 소집단 협동학습을 교수-학습의 형태로 삼았으며, 본 연구자가 학생들을 관찰해 얻은 경험을 바탕으로 Vygotsky 이론을 적용한 비계설정 개념을 교수-학습에 활용하였다. 이 연구는 협동학습과 비계설정을 학습자의 성취도를 높일 수 있는 한국어 교수-학습의 전략으로 삼아 그 효과를 검증하고, 학습의 성취도를 높일 수 있는 소집단 구성과 비계설정의 구체적인 방법을 실험을 통해 알아보았다. 선행학습자를 비계설정으로 활용한 전략은 교사뿐만 아니라 유능한 동료 학습자도 발달에 도움을 줄 수 있다는 Vygotsky 이론을 적용한 것이다. 한국어교육에 대한 연구 중에는 근접발달영역 이론이나 비계설정 이론을 바탕으로 한 연구가 있기는 하다. 그러나 그동안의 연구들은 교수-학습에서 이 이론을 어떻게 활용해야 하는지에 대한 구체적인 방안은 제시하지 못하였다.

본 연구는 비계설정으로서의 선행학습자를 제2언어로서의 한국어 학습에 어떻게 활용할 수 있는지 구체적인 방안을 제안하고 있다. 특히 선행학습자를 비계로 활용함으로써 초급 한국어 학습자들이 겪게 되는 교사와의 소통의 어려움을 해결하고 학습자 간의 상호작용을 더 활발히 이끌 수 있는 한국어 교수-학습 방법을 제안하고 있다. 실험 결과를 바탕으로 선행학습자를 비계로 활용한 한국어 교수-학습 방법은 탐구 학습과제를 바탕으로 하면서 학습항목의 성격에 따라 두 가지 모형으로 제안하였다. 한국어의 학습항목 중에는 사고나 문화의 차이 때문에 교사의 설명만으로는 학습내용에 대한 전달이 어려운 경우나 언어로서의 설명보다는 여러 가지 예를 통해 상황에 대한 이해가 필요한 경우가 있다. 이러한 경우는 한국어 교수-학습 모형1을 활용할 수 있을 것이다. 또한 한국어는 예외가 많은 문법 규칙들이 있기 때문에 기본 규칙을 이해하더라도 주어진 학습과제를 해결할 수 없는 경우도 있다. 이러한 경우는 한국어 교수-학습 모형2를 활용할 수 있을 것이다.

1. 선행학습자를 활용한 한국어 교수-학습 모형1

선행학습자를 활용한 교수-학습 모형1은 '목표제시 → 협동적 기본학습 → 교사의 정리 → 협동적 발전학습 → 개별평가'로 이루어진다. 이 모형은 교사의 안내 및 정리 이전에 학습자들이 협동적으로 과제를 해결하는 과정을 거치게 된다. 이러한 모형은 학습자의 모국어와의 연관성을 통해 학습자 스스로 새로운 학습항목의 규칙이나 의미를 발견해낼 수 있는 학습내용이거나 사고나 문화의 차이로 인하여 단순한 전달이나 분명한 설명이 어려운 학습내용 등 학습자의 탐구적 사고를 더 많이 요구하는 학습내용일 때 활용할 수 있을 것이다. 예를 들면 앞서 언급하였던 '-어/아 주다'와 같은 경우는 학습자의 모국어 'ให้'와 의미와 활용이 매우 유사하다. 따라서 교사의 안내 이전에 학습자 모국어와 한국어의 비교를 통해 학습자 스스로 그 의미와 활용 방법을 찾게 하는 것이 더 효과적일 수 있다. 선행학습자를 활용한 한국어 교수-학습 모형1은 <표 28>과 같이 이루어진다.

〈표 28〉 선행학습자를 활용한 한국어 교수-학습 모형1

이 모형에서 선행학습자는 협동적 기본학습 단계에서 중요한 역할을 하게 된다. 수업 전 교사와 기본적인 학습을 하였기 때문에 동료 학습자들이 생각하지 못하는 것들에 힌트를 제공하거나, 목표 학습 내용을 잘 이해하지 못하는 동료 학습자들에게 부가적인 설명을 해주는 등 도움을 제공하게 된다. 예를 들어 '어머니가 아이에게 책을 사 줘요.'라는 한국어 문장과 '**แม่ซื้อให้หนังสือเด็ก**'라는 태국어 문장을 비교하면서 '줘요'와 '**ให้**'가 같은 의미와 활용 방법을 가진 단어라는 것에 대해 분명히 판단내리지 못하고 주저한다면 선행학습자는 그 동료 학습자의 짐작에 확고한 동의를 해 줌으로써 동료 학습자가 학습목표를 달성하도록 도움을 제공하게 된다.25) 교수-학습 모형1의 각 단계에서는 다음과 같은 활동이 이루어진다.

'협동적 기본학습' 단계에서 교사는 학습자들에게 탐구 학습과제를 제시한다. 탐구 학습과제는 목표가 되는 학습 내용을 맥락을 통해 의미를 찾아내거나 여러 가지 예를 통해 규칙을 발견할 수 있도록 구성되어야 한다. 또는 모국어와 연관이 있는 경우는 모국어 문장과의 비교를 통해 의미를 파악하거나 규칙을 찾게 할 수도 있다. 이때 소집단 내의 선행학습자가 과제 해결에 도움을 제공할 수 있다. 이 과정에서 교사는 소집단 내의 학생들이 과제를 해결하는 과정을 관찰하며 힌트를 주거나 사고를 유도한다. 또한 과제 수행을 끝낸 집단에 대해서는 구성원들이 모두 과제를 이해하고 있는지 질문을 통해 확인을 한다. 탐구 학습과제를 모두 해결한 소집단은 자신들이 과제 수행을 통해 찾은 의미와 규칙을 적용하여 교재에 있는 기본학습 문제도 함께 해결한다. 교사의 설명 없이 탐구 학습과

---

25) 이와 같이 선행학습자들이 도움을 제공하고 있다는 것은 학습자들의 인터뷰를 통해서 확인할 수 있었다.

교사 : 선행학습자 친구가 있으면 협동학습을 할 때 도움이 돼요?
학생1 : 네, 도움이 돼요.
학생2 : 네, 공부할 때 친구가 많이 도와줬어요.
교사 : 어떤 도움을 받았는지 말해 줄 수 있어요?
학생2 : 저는 생각했어요. 이거 맞아요? 안 맞아요? 그런데 친구가 말해요. 이거 맞아요. 그래서 알겠어요.
       (저는 이것이 맞는지 안 맞는지 생각하고 있었어요. 그런데 친구가 맞는다고 말해줘서 알게 됐어요.)

제를 제시하였기 때문에 학습자들 스스로 의미와 규칙을 찾아가는 과정에서 때로는 목표 학습내용과 다른 방향으로 흐를 수도 있다. 이런 경우가 발생하지 않게 하는 것도 비계설정으로서의 선행학습자의 또 다른 역할이라고 할 수 있다. 선행학습자들은 이미 교사와 기본학습 내용을 학습했기 때문에 소집단의 구성원들이 오답을 찾거나 다른 방향의 결론을 도출하는 것을 지적해 줄 수 있다.

'교사 정리' 단계는 협동적 기본학습 단계에서 소집단 구성원들이 해결한 과제를 바탕으로 목표하는 학습항목에 대한 정리를 하는 단계이다. 교사의 안내와는 다르게 구체적인 설명이기보다는 학생들이 찾아낸 의미나 규칙에 대한 정리와 특별한 예들에 대한 주의 또는 강조를 통해 학습자들의 주의를 집중시키는 단계이다.

'협동적 발전학습' 단계에서는 '협동적 기본학습' 단계와 마찬가지로 학습자들은 협동적 상호작용을 통해 심화된 과제를 해결해 나간다. 협동적 발전학습 단계에서 학습자들의 활동은 맥락 속에서 의미를 찾아내거나 상황에 맞는 적절한 표현을 사용하는 등의 학습과제를 해결하거나 상황을 설정하여 목표 학습항목을 활용하여 상황에 적절한 대화를 연습하는 등의 활동을 하게 된다. 협동적 발전학습 단계에서도 선행학습자의 도움은 제공될 수 있지만 더 능력 있는 동료 학습자의 개념으로서의 선행학습자의 역할은 협동적 기본학습 단계에서 더 큰 도움으로 작용할 것이라 예상된다. 선행학습자들이 지닌 선행 지식은 기본 개념 정도이기 때문에 협동적 기본학습 단계에서 선행학습자의 발달의 폭이 어느 정도였느냐에 따라 협동적 발전학습 단계에서 선행학습자마다 도움의 정도가 다르게 작용할 것이다. 또는 다른 동료 학습자의 발달 수준이 선행학습자의 발달 수준을 앞서는 경우는 선행학습자가 도움을 받게 될 수도 있다. 도움을 받아 발달할 수 있는 근접발달영역은 늘 정해져 있는 것이 아니라 학습자의 발달에 따라 계속적으로 변화하기 때문이다. 근접발달영역은 학습자마다 다르고 학습내용에 따라 다르기 때문에 모든 선행학습자들이 모든 단계에서 같은 정도의 도움을 제공할 것을 기대할 수는 없다.

협동적 발전학습 단계에 주어지는 학습과제는 협동적 기본학습에서 주어진 구절 단위, 문장 단위, 간단한 질문에 대한 대답의 수준에서 벗어나, 문단 속에서 의미를 찾거나, 길지 않은 대화 속에서 목표된 표현의 의미를 찾아내거나, 상황에 맞는 적절한 표현을 사용할 수 있는 수준으로 심화된다. 다시 말해 협동적 기본학습 단계보다 협동적 발전학습의 단계는 맥락이 더 고려된 과제라 할 수 있다.

협동적 발전학습 단계 후에는 개별적으로 평가를 받게 된다. '개별평가'에서 학습자들은 동료 학습자들의 도움을 전혀 받을 수 없으며 자신이 이해한 정도를 측정하게 된다. 개별평가 문항은 형성평가의 개념으로 해당 수업에서 학습한 내용 안에서 작성되며 협동적 기본학습 단계에서 학습한 기본적인 학습 내용을 바탕으로 학습항목에 대한 의미와 활용에 대한 문제뿐만 아니라 협동적 발전학습 단계에서 학습한 실제 상황이 고려된 맥락적인 문제로도 구성된다.

2. 선행학습자를 활용한 한국어 교수-학습 모형2

선행학습자를 활용한 한국어 교수-학습 모형2는 <표 29>와 같이 '목표제시 → 교사 안내 → 협동적 기본학습 → 협동적 발전학습 → 개별평가'로 이루어진다. 이때 협동적 기본학습과 협동적 발전학습의 단계에서 선행학습자를 활용할 수 있다. 이 교수-학습 모형에서 학습자들은 교사가 전달한 학습내용을 바탕으로 상호 협동을 통하여 과제를 해결하게 된다. 한국어에는 예외가 많은 문법 규칙들이 있기 때문에 교사가 설명한 학습항목에 대한 기본적인 내용만 가지고는 활용을 할 수 없는 경우가 있다. 이러한 경우 한국어 교수-학습 모형2를 활용할 수 있다. 예를 들면 형용사에 '-아/어서'를 연결하여 문장을 만드는 경우 형용사 어간이 음성모음인가 양성모음인가에 따라 '-아/어서'를 연결하면 된다. 그러나 초급에서 사용되는 '예쁘다', '아프다'와 같은 단어들은 '一'탈락이라는 다른 규칙을 적용해야만 '-아/어서' 표현을 완성할 수 있다. 이러한 경우 교사는 형용사 어간에 '-아/어서'를 연결하는 기본적인 학습항목을 설명하고 협동적 기본학습에서 '예쁘다', '아프다'와 같은 단어에 '-아/어서'를 연결하는 과제를 제시할 수 있다. 이때 선행학습자는 다른 동료 학습자들이 잊었을지 모르는 '一'탈락을 상기시키며 과제를 함께 해결해 나가게 된다. 이처럼 교사의 안내가 선행된 후에 선행학습자를 활용한 협동학습을 통해 과제를 해결할 수 있도록 한 것이 <표 29>의 선행학습자를 활용한 한국어 교수-학습 모형2이다.

〈표 29〉 선행학습자를 활용한 한국어 교수-학습 모형2

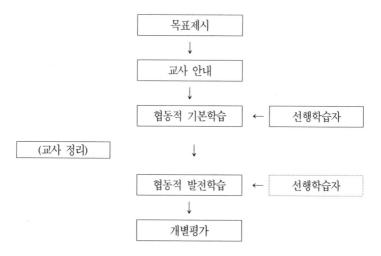

선행학습자는 <표 29>와 같은 수업이 이루어지기 전에 교사와 학습을

하게 된다. 교사가 목표 학습항목을 설명하는 동안 각 소집단의 선행학습
자들은 선행학습 한 내용을 다시 한 번 상기하며 기본학습 내용을 완전학
습하게 된다. 그리고 다음 단계인 '협동적 기본학습'에서 선행학습자는 우
수한 동료 학습자로서 자신의 역할을 수행하게 된다. 소집단의 다른 동료
학습자들이 과제 해결에 어려움을 느끼거나 실수 하는 경우 교사의 도움
이 미치지 못할 때 우수한 동료 학습자로서 비계의 역할을 수행하게 된
다. 또한 선행학습자는 동료 학습자들이 범할지 모르는 오류를 예방하거
나 수정하는 역할을 하기도 한다.[26)]

　　<표 29>의 교수-학습 모형2에서 교사는 학습목표를 제시한 후 학습
할 새로운 표현의 의미, 문법적 규칙 등 기본적인 내용을 설명한다. '협동
적 기본학습'은 교사의 설명 후에 학습자들이 소집단별로 학습지를 통해
제시된 학습과제를 수행하는 단계이다. 협동적 기본학습 단계에서 학습자
들의 주된 활동은 표현 만들기와 목표 학습요소를 활용하여 묻고 대답하
는 간단한 대화 연습이다. 협동적 기본학습 단계의 과제는 교사가 설명한
내용을 바탕으로 표현을 만들어 보거나 문장을 완성하고 의미를 해석해
보는 등 학습 내용에 대한 개념을 적립하고 이해를 다지는 수준으로 구성

---

26) 선행학습자가 동료 학습자의 기억의 매개체 역할을 하며 오류를 예방 또는 방지할 수
　　있는 예들은 수업에서 뿐만 아니라 일상적인 대화에서도 종종 나타났다.
　　교사　　：예지하고 지수는 왜 안 왔어요?
　　학생1　：예지는 오고 있어요 지수는 아프, 아프어, 아...
　　교사　　：'아파서'. 'ㅡ'! '아프다', 'ㅡ'탈락!
　　학생1　：아.. 아파서 못 와요.
　　교사　　：네, 맞아요. 고마워요.
　　　　　　 (잠시 후)
　　학생2　：선생님, 안녕하세요?
　　교사　　：네, 안녕하세요?
　　학생2　：선생님, 지수 안 와요 지금 아프.... 아프...서
　　학생1　：'ㅡ', 'ㅡ'
　　학생2　：알라이(뭐)? 알라이(뭐)?
　　학생1　：'ㅡ' 마이미(없어).
　　학생2　：지수 지금 아파서, 차이마이(맞지)?, 안 와요.

된다. 이때 선행학습자는 비계를 제공하게 된다. 교사의 설명을 모두 이해하지 못했거나 표현 만들기, 대화 완성 연습 등에 어려움을 가진 동료 학습자들에게 학습내용을 모국어로 설명하여 이해를 돕거나, 선행학습을 수행했을 때 교사가 사용했던 방법들을 활용하여 동료 학습자의 발달을 돕게 된다. 교사는 기본적인 내용만 설명하기 때문에 학습자들은 상호작용을 통해 기본설명의 내용을 넘어서는 문제를 함께 해결해야 한다.

예를 들어 '(으)려고 하다'를 학습하는 경우 교사는 '(으)려고 하다'의 의미와 사용 상황, 동사 어간 끝음절의 받침 유무에 따라 '려고 하다' 또는 '으려고 하다'를 사용해야 함을 설명한다. 그러면 협동적 기본학습 단계의 과제는 주어진 동사의 규칙성 여부를 판단하여 '듣다'와 같은 동사는 어간의 형태를 변형시켜야 하고 '(으)려고 하다'의 기본형에서 시제, 높임 등의 상황에 적절하게 또는 제시된 형태로 어미를 변형시켜야 한다. 이 과정에서 학습자들은 서로 교사의 역할을 하기도 하고 학생의 역할을 하기도 하며 상호작용을 통해 정확한 표현을 만들어 간다. 협동적 기본학습 단계에서의 학습자 활동은 제공된 학습지를 통해 읽고 쓰는 활동뿐 아니라 주 교재에서 제공하는 말하기, 듣기 등의 활동을 할 수도 있다.

협동적 기본학습 단계에서 교사는 각 소집단을 두루 살피면서 교사의 확인을 요청하거나 문제 해결의 실마리를 요청하는 학습자들에게 도움을 제공하기도 하고 각 집단의 과제 해결의 과정 및 경과를 확인한다. 그러나 학습자들의 요청에 의해 도움을 제공할 때에는 직접적이고 명확한 도움이 아닌 선행학습자에게 기억을 상기시키거나 이미 학습했던 다른 요소들을 바탕으로 적용해 볼 수 있는 단서를 제공하는 등 학습자들이 다시 사고할 수 있도록 유도하는 방법으로 도움을 제공한다.

협동적 기본 학습이 끝나면 협동적 발전학습의 단계로 바로 갈 수도 있고 협동적 기본학습 단계에서 많은 학습자들이 오류를 범했던 사항이나 불분명한 이해 단계에 있는 사항 등이 있는 경우 협동적 발전학습 전에

'교사의 정리' 단계를 거친 후에 협동적 발전학습의 단계로 갈 수도 있다.

'협동적 발전학습' 단계와 '개별평가' 단계는 일반 학습과제를 활용할 때와 같다.

<표 28>, <표 29>의 선행학습자를 활용한 한국어 교수-학습 모형1 또는 2를 활용한 한국어 교수-학습에서 소집단 편성은 실험 결과에 따르면 능력에 따른 이질적 집단 편성의 방법을 활용하는 것이 가장 효과적일 것이다. 그러나 집단 편성에 학습자 간 친밀도를 고려하지 않을 수 없다. 따라서 학습자 간에 친밀도가 형성된 상태라면 집단 편성을 학습자 자율에 맞길 수 있다. 또한 한국어 학습자들이 주로 성인 학습자라는 것을 고려한다면 학습자 스스로 자유롭게 집단을 형성하게 할 수도 있다. 실험의 결과에 따르면 자율적으로 소집단을 편성했을 때와 학습자의 능력에 따라 이질적인 집단으로 소집단을 편성했을 때의 전체 학습자의 평균은 비슷하여 어떤 방법이 더 효과적이라고 말할 수 없었다. 그러나 본 실험의 학습자들은 서로 간에 친밀감이 형성되어 있으며 서로에 대한 기본적인 정보를 가지고 있었기 때문에 자율적으로 집단을 편성하더라도 상위 또는 하위에 지나치게 치우치는 집단은 형성되지 않았었다. 또한 대상 학습자들이 성인이었다는 점도 간과할 수 없었다. 따라서 협동학습의 소집단을 자율적으로 편성하게 한다면 학습자 사이에 최소한의 친밀감이 형성되어 있어야 하며 서로에 대한 기본적인 정보를 가지고 있어야 한다. 만약 학습자들끼리 정보가 전혀 없는 경우는 교사가 소집단 편성에 개입하여 학습자의 수준을 고르게 배치할 필요가 있다. 학습자들 간의 친밀감은 상호작용을 쉽게 시작할 수 있으며 상호작용의 과정에서 서로 간에 원하는 것을 빨리 알아차리고 응대할 수 있는 바탕이 되기 때문에 협동적 과제 수행에 긍정적 효과를 일으키는 중요한 요소라 할 수 있다.

비계설정으로서의 선행학습자의 설정은 낯선 전략일 수 있다. 소집단별 선행학습자의 선정과 관련해서는 일반적으로 상위권 선행학습자를 비계

로 설정하는 것이 모든 학생들의 성취도 향상에 도움이 된다. 하지만, 특별히 하위능력 학습자들의 성취도를 높일 필요가 있거나 하위능력 학습자들의 흥미나 의욕을 높일 필요가 있을 때에는 하위능력 학습자를 비계로 설정할 수 있다. 다만, 하위능력 학습자를 비계로 설정한다면 하위능력 학습자의 선행학습 수준이 상위 또는 중위능력 학습자의 근접발달영역의 범위를 충분히 넘어서지 못하는 경우 상위능력 학습자가 목표 학습내용을 완전히 내면화할 수 없게 되어 낮은 성취도를 나타낼 수도 있다는 점을 염두에 두어야 한다. 또한 실험 결과에 따르면 중위능력 학습자들은 학습 환경에 가장 큰 영향을 받기 때문에 하위능력 학습자를 비계로 설정하면 하위능력 학습자보다 중위능력 학습자의 성취도가 더욱 낮게 나타날 수도 있다.

선행학습자의 선행학습은 본 수업 전에 이루어져야 한다. 하위능력 학습자가 선행학습자의 역할을 하게 된다면 본 수업 시간에 교사 안내 부분의 내용을 그대로 먼저 학습하게 할 수도 있고 교사 안내의 내용을 요약하여 지도할 수도 있다. 선행학습은 많은 시간을 요하는 것이 아니라, 교수-학습 내용의 가장 기본적인 사항을 먼저 가르치는 것으로 수업 시간 전 10-15분 정도를 활용할 수 있다. 본 연구자는 선행학습자들을 수업 전에 조금 일찍 오게 하여 선행학습을 하거나 수업 후에 다음 학습내용을 선행학습 할 수 있도록 하였다.

위의 모형을 활용한 교수-학습에서 교사의 역할도 매우 중요하다. 선행학습자들이 협동적 과제 수행 과정에서 상호작용이 활발히 이루어질 수 있도록 면밀히 관찰하고 활발한 상호작용이 이루어질 수 있는 분위기를 만들어주어야 한다. 또한 학습자들의 질문에 대해 명확한 정답을 제시하기보다 과제 해결의 실마리를 제공하고 학습자들의 협동적 사고를 유도해야 한다.

이와 같은 교수-학습 모형은 학습자들의 모국어가 같은 해외의 한국어 교육기관이나 고급 학습자들을 대상으로 하는 경우 매우 유용할 것이다. 본 연구자가 교사-학습자 간의 상호작용이 아닌 학습자-학습자 간의 상호작용을 바탕으로 협동학습과 비계설정 전략을 활용했던 것은 초급 학습자와 교사 간의 소통이 원활하지 못하다는 경험을 바탕으로 했던 것이다. 한국어 교사는 다른 언어를 모두 말할 수 있는 것은 아니며 초급 학습자들은 교사의 설명 언어를 이해하지 못하여 학습의 결손을 겪게 되기도 한다. 본 연구가 태국어가 아닌 다른 언어를 모국어로 하는 학습자들을 대상으로 하거나 여러 언어를 사용하는 학습자들을 대상으로 한 교수-학습은 진행하지 않았다. 그러나 태국인 학습자가 아니더라도 같은 모국어를 사용하는 학습자들로 구성된 상황에서는 초급단계부터 이와 같은 교수-학습 모형을 활용할 수 있을 것이다. 그리고 국내의 교육기관은 여러 나라의 학생들이 모여 있는 상황이기 때문에 초급단계에서 위 모형을 활용하는 것은 어려움이 따를 것이다. 그러나 다국적의 다양한 언어를 사용하는 학습자일지라도 한국어라는 공통의 언어로 기본적인 의사소통이 가능한 중급단계 이후부터는 이와 같은 교수-학습 모형을 적절히 활용할 수 있을 것이다.

그동안의 한국어 교수-학습의 현장은 학습자 중심의 교육을 표방하면서 시청각적 자료를 제공하고 교수-학습에서 학습자의 활동을 확대했지만, 듣고 볼거리를 제공하고 학습한 내용을 연습해보는 정도에 그쳤다고 할 수 있다. 본 연구에서 구안하고 있는 교수-학습의 모형은 한국어 교육현장에서도 강의식 교수의 형태를 벗어나 학습자 스스로 학습내용에 대해 사고하고 발견해 내는 조금 더 학습자 중심의 학습에 가까운 교수-학습의 방법이라고 하겠다.

VI. 결론

한국어교육은 이제 단순한 언어교육의 수준을 넘어 다양한 특성과 목적을 가진 학습자들로 그 대상이 확대되면서 새로운 교수-학습 방법에 대한 연구가 필요하다. 그동안의 한국어교육은 의사소통중심 접근법이라는 언어교수법을 중심으로 다양한 시도를 하였다. 그러나 여전히 교사 중심의 수업방식에서 크게 벗어나지 못하고 있는 상황이며 학습자 중심지도, 상호작용적 학습, 내용중심 지도 등 의사소통중심 접근법의 원리들을 적용한 교수-학습 방법이 활용되고 있지 못하다. 한국어 학습자들은 점점 더 다양한 목적과 특성을 가지고 있으며 이에 따라 한국어 교육은 이러한 다양한 학습자들에 대한 관찰과 연구를 바탕으로 학습자를 중심으로 한 새로운 교수-학습 방법의 연구와 적용이 이루어져야 한다.

본 연구는 Vygotsky의 근접발달영역이론을 바탕으로 협동학습과 비계설정을 학습 전략으로 활용하여 한국어 학습의 성취도를 높일 수 있는 교수-학습 방법을 제안하고자 하였다. 학습자 간 상호작용을 중심으로 하는 협동학습은 학습자 중심의 수업으로 학습의 과정에서 개인의 의견을 적극적으로 자유롭게 표현하는 외국인 학습자들에게 적절한 교수-학습 방법이 될 것이다. 또한 그와는 반대로 본 연구의 대상 학습자들처럼 소극적인 학습자들에게는 소집단 속에서 친밀한 동료들과의 활동을 통하여 수업에 대한 적극성을 발휘할 수 있는 기회를 마련하는 학습방법이 될 것이다. 본 연구는 국어교육에서는 물론 한국어교육에서도 시도되고 있는 협동학습을 좀 더 효율적으로 운영할 수 있는 소집단 구성 방법을 실험을 통해 알아보았다. 또한 협동학습 과정에서 학습자들의 성취도를 높이기 위해 선행학습자를 비계로 설정하여 어떠한 선행학습자가 더 효과적인 비계설정의 역할을 하는지 알아보았다. Vygotsky는 학습자들이 혼자의 힘으로 과제를 수행할 수 있는 실제적 발달수준과 교사나 우수한 동료 학습자들의 도움을 받으면 도달할 수 있는 잠재적 발달수준 사이의 거리를 근접발달영역(Zone of Proximal Development)라고 하였으며 이때 잠재적 발달 수준에 도달하게 하는 교사나 우수한 동료 학습자들의 도움이 바로 비계설정(scaffolding)이다. 본 연구는 비계설정 개념을 구체적으로 교수－학습에 어떻게 활용해야 할지를 선행학습자를 통해 제시한 것이다. Vygotsky는 교사나 우수한 동료 학습자들의 도움이 잠재적 발달수준에 도달하게 한다고 하였으나 Vygotsky 이론을 바탕으로 하는 비계설정 개념의 연구들에서 살펴보면 비슷한 능력의 학습자들끼리도 비계설정의 역할을 할 수 있었다. 본 연구의 비계설정으로서의 선행학습자는 Vygotsky가 근접발달영역에서 말했던 우수한 동료 학습자는 아니며, 비계설정 연구들에서 볼 수 있었던 비슷한 능력의 동료 학습자도 아니다. 그 둘의 중간 정도의 능력, 즉 전문적인 우수한 능력은 아니지만 다른 동료 학습자들보다는 우수한 능력을 지녔다고 할 수 있을 것이다. 그러나 선행학습자가 본래 가지고 있는 실제적 발달 수준이 어느 정도인가에 따라 협동학습 소집단 안에서 다른 동료 학습자들에게 도움을 줄 수도 있고 그렇지 않을 수도 있을 것이다. 따라서 본 연구는 이러한 선행학습자의 수준에 따른 학습자 성취도의 변화를 실험을 통해 알아보았다. 협동학습과 비계설정 전략을 활용한 교수－학습에서 중요한 또 한 가지는 학습과제이다. 협동학습 상황에서는 주어진 과제에 대해 동료 학습자와의 상호작용을 통해 학습자가 능동적으로 지식을 구성해 나아가야 하기 때문에 잘 정리된 개념을 적용해 문제를 해결하는 구조화된 과제는 적절하지 못하다. 정리된 개념이나 정보의 전달이 아닌 복잡하고 암시적인 구조화되지 않은 과제들이 협동학습에 적합하다 하겠다. 본 연구에서는 이러한 학습과제의 특성들에 따라 학습자의 성취도가 달라지는지도 살펴보았다.

본 연구는 태국의 쏭클라대학교 한국학과(Korean Studies)와 국제한국비즈니스학과(International Business Korea)의 학생들을 대상으로 하였다. 이 학생들은 한국어를 전공필수 과목으로 학습하고 있으며 1학년에 입학하면서 한국어를 처음 접하고 배우기 시작하였다. 본 연구는 학습자들이 한국어를 1학기 동안 약 90시간 정도를 배우고 난 후에 진행되었다.

협동학습 집단 편성 방법에 따른 학습자들의 성취도 변화는 다음과 같았다. 학습자의 능력에 따라 이질적으로 소집단을 형성했을 때가 학습자들 스스로 자율적으로 소집단을 형성했을 때보다 조금 높은 성취도 평균을 나타냈지만 그 차이가 너무나 근소하여 통계적으로는 두 집단 편성 방법 사이에는 유의한 차이가 없는 것으로 나타났다. 학습자들이 자율적으로 형성한 각 소집단의 구성원들의 능력과 친밀도를 조사해 보니 각 소집단의 학습자 능력은 상, 중, 하위 능력이 대체로 고르게 분포되어 있었고 구성원들 사이의 친밀도가 높은 소집단의 성취도 평균이 가장 높았다. 이러한 결과는 소집단 편성을 학습자들의 자율에 맡겼을 때 학습자들은 친밀한 동료 학습자를 선택하면서도 주어진 과제를 해결할 수 있도록 동료 학습자들의 능력을 고려했다고 볼 수 있다. 또한 소집단 구성원들 간의 친밀도는 학습자의 성취도 평균에 영향을 주고 있다는 것을 알 수 있었다.

협동학습 집단 편성 방법에 따른 전체 학습자의 성취도 평균은 큰 차이를 보이지 않았지만 상위, 중위, 하위 능력 집단의 성취도 평균은 다른 분포를 보였다. 능력에 따른 집단 편성을 했을 때 상위능력 학습자들의 평균은 조금 낮아졌으며 중위능력 학습자들의 평균은 비슷하지만 조금 높게 나타났고, 하위능력 학습자들의 평균은 아주 높게 나타났다. 따라서 능력에 따른 소집단 편성방법이 하위능력 학습자들의 성취도를 높이는데 효과적이라는 것을 알 수 있었다.

비계설정으로서의 선행학습자의 수준에 따른 성취도는 상위능력의 학습자가 비계로 설정되었을 때 전체 학습자의 평균이 가장 높았으며 하위능력의 학습자가 선행학습자로 설정되었을 때와 자발적 선행학습자일 때는 성취도 평균이 비슷하였다. 따라서 학습자들의 성취도를 높이기 위해서는 상위능력의 선행학습자를 비계로 설정하는 것이 가장 효과적이라고 할 수 있다. 또한 상위능력 선행학습자를 비계로 설정했을 때와 하위능력 선행학습자를 비계로 설정했을 때 상위, 중위, 하위 능력집단의 성취도 평균은 큰 변화를 보였다. 하위능력 선행학습자를 비계로 설정했을 때 상위, 중위 능력 학습자들의 평균은 모두 낮아졌으며 특히 중위능력 학습자들의 평균은 더 낮아져 하위능력 학습자들보다도 낮은 성취도 평균을 나타내었다. 이는 하위능력 학습자들이 비계의 역할을 수행하기는 하지만 다른 학습자들의 잠재적 발달수준을 이끌어 낼 수 있을 만큼의 충분한 도움을 제공하지 못한다는 것을 말해주는 것이다. 따라서 하위능력 학습자를 비계로 설정하는 것은 하위능력 학습자의 성취도 평균을 높이거나 하위능력 학습자들에게 자신감을 갖게 할 필요가 있을 때 효과적인 방법이 될 것이다.

　마지막으로 학습과제의 유형에 따른 학습자의 성취도 평균을 살펴보았다. 협동학습에는 비구조화된 학습과제가 적절하며 본 연구에서는 비구조화의 정도를 달리하여 일반 학습과제를 활용했을 때와 탐구 학습과제를 활용했을 때의 성취도 평균을 비교하였다. 그 결과 일반 학습과제를 활용하고 상위능력 학습자가 비계로 설정되었을 때와 탐구 학습과제를 활용했을 때의 성취도 평균은 차이가 거의 없었다. 그러나 일반 학습과제를 활용하고 하위능력 학습자가 비계로 설정되었을 때는 탐구 학습과제를 활용했을 때보다 성취도 평균이 낮게 나타났다. 탐구 학습과제는 학습자의 성취도를 높이는 데 있어서 하위능력 학습자를 비계로 설정했을 때보다 효과적이며 상위능력 학습자를 비계로 설정했을 때와 비슷한 정도의 효과를 나타낸다고 할 수 있다. 이러한 결과는 협동학습에 있어서 학습과제의 유형이 학습자의 성취도에 영향을 미칠 수 있음을 말해주는 것이다.

이러한 결과를 바탕으로 협동학습과 비계설정으로서의 선행학습자를 활용할 수 있는 교수-학습 모형을 두 가지로 제안하였다. 본 연구는 태국인 학습자만을 대상으로 하였으며 다국적의 학습자들로 구성된 학습 상황에서는 실험이 이루어지지 않았다. 그러나 이러한 모형을 활용한 교수-학습은 본 연구와 같이 학습자의 모국어가 동일한 해외의 한국어교육기관에서 활용이 가능할 것이다. 국내의 언어교육기관에서는 다양한 국적의 학습자들이 모여 있기 때문에 중급 단계에서는 학습자 간의 의사소통이 원활하지 않아 효과가 적거나 효과적이지 않을 수 있을 것이다. 그러나 다양한 국적의 학습자들로 구성되어 있을지라도 한국어로 기본적인 의사소통이 이루어지는 중급 이상의 학습자들에게는 위의 모형을 적절히 활용할 수 있을 것이다.

본 연구는 타인의 도움을 받으면 더 높은 발달수준에 도달할 수 있다는 Vygotsky의 근접발달영역이론에 기초한 협동학습과 비계설정을 학습전략으로 활용하여 학습자들의 성취도를 높일 수 있는 교수-학습 방법을 제안하였다. 본 연구에서 선행학습자를 비계로 설정한 것은 비계설정 개념을 어떻게 교수-학습 과정에 활용할 수 있는지 구체적인 방법을 제시한 것이라 하겠다. 또한 협동학습이 한국어교육 현장에서 시도되고 있기는 하지만 이에 관한 연구가 없었기 때문에 실제 교육 현장에서 교사들은 많은 오류를 범하기도 하였다. 따라서 본 연구는 교수-학습 현장에서 협동학습을 효과적으로 활용할 수 있는 한 사례를 제시했다고 하겠다.

참고문헌

강승혜(1999), "외국어 교수법 이론의 비판적 검토", 『연세대학교 미래교육연구』 12, 연세대학교교육연구소

강인애(1995), "인지적 구성주의와 사회적 구성주의에 대한 간략한 고찰", 『교육공학연구』 11-2, 한국교육공학회.

강인애(1995), "구성주의 학습원리와 적용", 『교육공학 연구』 11-1, 한국교육공학회.

강인애(1996), "구성주의 모델들의 특징과 차이점", 『교육공학 연구』 12-1, 한국교육공학회.

강인애(1997), "객관주의와 구성주의", 『교육공학연구』 13, 한국교육공학회.

강인애(1998), "문제중심학습 또 하나의 구성주의적 교수-학습모형", 『초등교육연구논총』 12, 대구교육대학교 초등교육연구소

강인애(1998), "구성주의적 교수-학습의 원리와 적용", 『교육이론과 실천』 8-1, 경남대학교 교육문제연구소.

고영남(2002), "협동학습 전략과 집단 편성 방법이 학습자의 학습능력 수준에 따라 학업성취에 미치는 효과", 고려대학교 박사학위논문.

김강식(2003), "STAD협동학습이 동기요인에 따라 영어과 학업성취에 미치는 효과", 전북대학교 박사학위논문.

김정권(2006), "근접발달영역을 활용한 초등학교 영어 수업 모델 방안연구", 국민대학교 박사학위논문.

김억환(1996), "新Vygotsky 인지발달 이론모형", 『교육논총』 27, 건국대학교.

김영만(1999), "한국어 교수학습 개선 방향", 『이중언어학』 16, 이중언어학회.

김정령(2010), "한국어 교수 방법에 대한 고찰", 『세계한국어문학』 4, 세계한국어문학회.

김정숙(1998), "과제 수행을 중심으로 한 한국어 교육 방법론", 『한국어교육』 19-1, 국제한국어교육학회.

김정숙(2010), "사회적 상호작용을 활용한 재외동포 아동 한국어 교육 방안", 『이중언어학』 42, 이중언어학회.

김지영(2011), "과제 중심 접근법에 기반한 한국어 교육 과정 개발 방안 연구", 고려대학교 박사학위논문.

김진식(2007), 『현대국어 의미론 연구』, 박이정.

김태영(2004), "Vygotsky 사회문화이론과 영어교육에의 시사점", 『한국영어학회학회지』

4-3, 한국영어학회.

김태희(2003), "Vygotsky 이론이 외국어 수업에 주는 시사점", 『일본문화연구』 Vol.45-1, 동아시아일본학회.

김현진(2005), "독일어권 중·고급 한국어 학습자를 위한 프로젝트 중심의 학습 모형연 구", 이화여자대학교 박사학위논문.

김호정(2010), "한국어 학습자의 문법 습득 양상 연구II", 『국어국문학』, 국어국문학회.

김호정(2013), "한국어 학습자의 조사 변이 양상 연구", 『우리말 글』, 우리말글학회.

박덕유(2005), "문법 지식 지도의 필요성과 발전방향", 『새국어교육』 71, 한국국어교육 학회.

박덕유(2005), 『학교문법론의 이해』, 역락출판사.

박덕유(2010), 『외국인을 위한 한국어』, 박문사.

박덕유 외(2010), 『한국어교육의 전략과 탐색』, 박문사.

박선희(2008), "학습자의 근접발달영역 척도를 활용한 오류수정적 피드백 제공 방안", 『 한국어교육』 19-3, 국제한국어교육학회.

서광진(2011), "비계설정에 따른 한국어교실 대화 분석", 『건지인문학』 5, 전북대학교 인문학연구소.

송선희(2000), "근접발달영역을 고려한 교수-학습방법의 효과성 연구", 『교육심리연구』 14-1, 한국교육심리학회.

손영애(2004), 『국어과교육의 이론과 실제』, 박이정.

손영애(2009), "국어과 교육과정 변천사 소론" : '교수-학습 방법'을 중심으로, 『한국어 교육학회지』 130호, 한국어교육학회.

심상민(2008), "연구방법에 따른 한국어 쓰기 연구의 경향 분석", 『작문연구』 제7집, 한 국작문학회.

심상민(2011), "호주에서의 한국어 및 한국어교육의 현황", 『한국언어문화학』 Vol.8, 국 제한국언어문화학회.

안경화(2005), "한국어교수학습 방법과 교수방법론의 변천사", 국제한국어교육학회 국 제 학술대회 발표자료집 Vol.2005, 국제한국어교육학회.

이명근(2005), "영화의 교육적 활용", 미래교육연구 제18권 1호, 연세대학교교육연구소.

이미혜(2005), "한국어 문법 교육 연구", 이화여자대학교 박사학위논문.

이미혜(2007), "한국어 문법 교수 방법론의 재고찰", 『한국어교육』 18-2, 국제한국어교 육학회.

이상권, 윤인섭, "구성주의와 영어협동학습", 『영어교육연구』 34, 한국영어교육연구학회.

이상린(2012), "Vygotsky의 사회문화이론에 근거한 한국어교육 교수-학습 방안 연구", 『교육종합연구』 10-3, 전라북도교육청.

이선길(2006), "고등학교 과학영재를 위한 사사 연구 프로젝트 학습 모형의 개발과 적용", 이화여자대학교 박사학위논문.

이성은(1999), "협력학습 전략을 활용한 제2언어로서의 한국어 교수법", 『이중언어학』 16, 이중언어학회.

이은자(2012), "외국인 유학생을 위한 한국어 토론수업 설계와 지도 방법", 『배달말』 50, 배달말학회.

이종은(2005), "구성주의를 적용한 한국어 문법교육 방안", 고려대학교 석사학위논문.

정미례(2002), "Vygotsky관점에 기초한 영어작문 스캐폴딩과정 분석", 경상대학교 박사학위논문.

조규락(2003), "구성주의 기반의 학습이론 탐구", 『교육공학연구』 19-3, 한국교육공학회.

조영남(1998), "구성주의 교수-학습", 『초등교육연구논총』 12, 대구교육대학교 초등교육연구소.

조윤동(2002), "Vygotsky 이론의 수학교육적 적용에 관한 연구", 한국교원대학교 박사학위논문.

한순미(1999), 『Vygotsky와 교육』, 교육과학사.

현윤호(2005), "독일어권 한국어 학습자를 위한 과제 중심의 교재 구성 연구", 이화여자대학교 박사학위논문.

홍순태(2012), "협동학습 과정에서 나타난 EFL 학습자들의 상호작용 분석", 연세대학교 박사학위논문.

Aljaafreh, A. and Lantolf, J. :(1994), Negative feedback as regulation and second language learning in the zone of development. Modern Language Journal 78, 265-483

Berk L. E. & Garvin, R. A.(2984), Development of private speech among low-income Appalachian children. Developmental Psychology 20, 271-286

Berk, L. E.(1986), Relationship of elementary school children's private speech to behavioral accompaniment to task, attention and task performance. Development Psychology 22, 671-680

Duffy, T. & Jonassen, D.(1992), Constructivism and the technology of instruction ; A conversation, New Jersey :Lawrence Erlbaum Assoc Inc.

Forman, E. A., & Cazen, C.B.(1985). Exploring Vygotskyian perspectives in education: The cognitive value of peer interaction. In Wertsh, J.V.(Ed.), Culture, communication, and cognition: Vygotskyian perspectives. N.Y.: Cambridge University Press.

Gallimore, R. & Tharp, R. (1990). Teaching mind in society (p: 175-205). In L. Moll (Ed.). Vygotsky and education: Instructional implications and social applications of sociohistorical psychology. New York: Cambridge University Press.

Hatch, E. M.(1978), Discourse analysis and second language acquisition. In E. Hatch(Eds.), Second language acquisition: A book of readings. Rowley, MA: Newbury House

H. Douglas Brown(2001), Principles of Language Learning and Teaching, Forth Edition, 이홍수 외((2004) 번역, 외국어 학습·교수의 원리, 서울:Person Education Korea

Johnson D. W. & Johnson, R. T.(1991), Learning together and alone(3rd. ed). Englewood Cliffs, N. J. : Allyn and Bacon

Jonassen, D. H.(1997), Instruction design model for well-structured and ill-structured problem-solving learning outcomes. *Educational Technology Research and Development*, 45(1), 66-95

Johnson Marysia(2004), A Philosophy of Second Language Acquisition, Yale University Press

Lantolf J. : & Gabriela Appel(1994), Vygotskian Approached to Second Language Research, Ablex Publishing Corporation

Lantolf J. :(2000), Second language learning as amediated process. Language Teaching 33, 79-96

Lantolf J. :(2000), Sociocultural theory and second language learning. New York: Oxford University Press

L. : Steffe & J. Gale(1995), Constructivism in Education CL, 이명근(2005)번역, 교육과 구성주의: 교육공학의 인식론적 기반, 서울:학지사

Meichenbaum, D. H.(1977), Cognitive-behavior modification. New York : Plenum Press

Mevarech, Z. R.(1999), Effect of metacognitive training embedded in cooperative settings on mathematical problem solving, Journal of Education Research, 92(4), 195-205

Mugny, G. & Dios, W.(1978). Socio-cognitive conflict and structure of individual and collective performance. European Journal of Social Psychology, 8, 181-192.

Ohta, A. S.(2001), Second Language Acquisition Processes in the classroom: Learning Japanese. Mahwah, NJ: Lawrence Erlbaum

Piaget, J.(1973), To Understand Is to Invent. New York : Grassman

Slavin, R. E.(1995), Cooperative learning; Theory, Research, and Practice(2nd ed), Boston: Allyn and Bacon

Simsek, A.(1992), The inpact of cooperative group composition on student performance and attitude during interactive videodisc instruction. Paper presented at the meeting for the Association for Education Communication and Technology, San Francisco, CA

Tharp, R. G., & Gallimore, R.(1988). Rousing minds to life: Teaching, learning and schooling in social context. Cambridge University Press

Vygotsky, Lev S.(1978), Mind in Society: The Development of Higher Psychological Process.

Edited by Michael Cole, Vera John-Steiner, Sylvia Scribner, and Ellen Souberman. Cambridge: Harvard University Press

Vygotsky, Lev S.(1987), Thinking and speech. In L. S. Vygotsky(Eds.), Collected Work: Vol 1. New York: Plenum

Vygotsky, Lev S.(1981a), The instrumental method in psychology. In J.V. Wertsch(1981). The Concept of activity in soviet psychology. Armonk, N.Y.: M.E. Sharpe.(Original work published 1930)

Vygotsky, Lev S.(1981b), The genesis of higher mental functions. In J.V. Wertsch(1981). The Concept of activity in soviet psychology. Armonk, N.Y.: M.E. Sharpe.(Original work published 1930)

Wertsch, James V.(1979), From social interaction to higher psychological processes: A clarification and application of Vygotsky's theory. Human Development, 22, 1-22

Wertsch, James V.(1985b), Vygotsky and The Social Formation of Mind, Harvard University Press

Wood, D. Bruner, J.S., & Ross, G.(1976), The role of tutoring in problem solving. [Journal of Child Psychology and Psychiatry] 1976(17) p:89-100

■ 일반 학습지 예 1

-(으)ㄹ까요, -(으)ㅂ시다

이름 : _____

*빈 칸을 채우시오.

기본형	(으)ㄹ까요?	(으)ㅂ시다
보다	볼까요?	
산책하다		산책합시다
듣다		
만들다		만듭시다
팔다		

* 마사코 씨의 송별회 준비로 어떤 것이 좋은지 선택해서 제안해 보세요.

보기	시간	수요일 오후, 금요일 저녁, 토요일 오후
①	장소	기숙사 휴게실, 학교 앞 식당, 하숙집
②	초대 손님	학교 친구, 한국 친구, 선생님
③	음식	비빔밥과 된장찌개, 피자와 샐러드, 불고기와 잡채

<보기> A : 마사코 씨의 송별회를 언제 할까요?
       B : 수요일 오후에 합시다.

1. 장소(어디)
A : _____

B : _____

2. 초대 손님(누구)
A : _____

B : _____

3. 음식(어떤 음식)
A : _____

B : _____

▦ 일반 학습지 예 2

< ~(으)ㄴ / 는 >

이름 : _____

*빈 칸을 채우시오.

기본형	뜻	(으)ㄴ /는	기본형	뜻	(으)ㄴ /는
· 크다		큰	조용하다.		
작다			깨끗하다		
예쁘다			짜다		
싸다			**달다		단
착하다			**멀다		
따뜻하다		따뜻한	*가깝다		가까운
똑똑하다			*맵다		
안전하다			*싱겁다		
재미있다			*무겁다		무거운
맛있다		맛있는	*가볍다		
멋있다			*춥다		
넓다			*덥다		

*다음 단어를 사용하여 질문에 답하세요.

1. A : 어떤 음식을 좋아해요?

   B : _____

2. A : 어떤 사람을 좋아해요?

   B : _____

3. A : 어떤 날씨를 좋아해요?

   B : _____

■ 탐구 학습지 예 1

< -어/아 주다 >

이름 : _____

★ 그림을 보고 밑줄 친 부분의 뜻을 생각해 보세요.

| 민수 : 실례합니다.
    사진 좀 찍<u>어 주세요.</u>
토니 : 네, 카메라 주세요. | – 사진(을) 찍다
 : take a photo |

★ 한국어와 태국어 문장을 보고 다음 문장의 뜻을 생각해 보세요.
   한국어 : 어머니가 아이에게 책을 <u>사 줘요.</u>

   태국어 : แม่ซื้อให้หนังสือเด็ก

① 너무 추워요. 죄송하지만, 창문을 닫<u>아 주세요.</u>

_____

② 리차드 씨, 미안하지만, 에어컨을 <u>켜 주세요.</u>

_____

★ '-어/아 주다' 는 무슨 뜻입니까?

| |

■ 탐구 학습지 예 2

< -는/ (으)ㄴ / (으)ㄹ >

이름 : _____

★ 다음 문장을 읽고 뜻을 생각해 보세요.

> 1. 이건 *지금* 제가 **먹는** 빵이에요. :
>
> 2. 이건 *어제* 제가 **먹은** 빵이에요. :
>
> 3. 이건 *내일* 제가 **먹을** 빵이에요. :

★ 다음 각각 무슨 뜻이에요?

문장(sentence)	뜻(meaning)
보는 드라마	
본 드라마	
볼 드라마	

★ 동사의 수식형을 어떻게 만드는지 다음 표를 완성해 보세요.

	과거(past)	현재(present)	미래(future)
가다	간	가는	갈
읽다			
보내다			
만들다			

형성평가 예 1

< -(으)면 >

이름 : _____

★ 관계있는 것을 연결하고 '-(으)면'을 사용해서 문장을 완성하세요.

1 머리가 아프다　　　・　　　　　・수영하러 갈 거예요

2 길이 막히다　　　　・　　　　　・영화를 보러 갈 거예요

3 비행기 표가 있다　・　　　　　・지하철을 타세요

4 날씨가 좋다　　　　・　　　　　・병원에 가세요

5 친구가 전화하다　　・　　　　　・여행을 갈 거예요

1. _____

2. _____

3. _____

4. _____

5. _____

< -(으)면 >

★ 다음 글을 읽고 물음에 답하세요.

마이클 : 나타샤 씨, 내일 수영하러 갈 거예요?
나타샤 : 네, 날씨가 좋으면 수영하러 바다에 갈 거예요.
　　　　 그렇지만 비가 오면 집에서 쉴 거예요.
마이클 : 아, 그래요.
나타샤 : 마이클 씨는요?
마이클 : 저도 날씨가 좋으면 운동하러 공원에 갈 거예요.
　　　　 그렇지만 비가 오면 집이나 도서관에서 책을 읽을 거예요.
---

6. 나타샤 씨는 내일 날씨가 좋으면 어디에 갈 거예요?
　① 바다　　　　② 공원　　　　③ 도서관

7. 마이클 씨는 내일 비가 오면 뭐 할 거예요?
　① 수영하러 갈 거예요.　　　② 운동할 거예요.　　　③ 책을 읽을 거예요.

★ 알맞은 것을 골라 대화를 완성 하세요.

일이 일찍 끝나다　　　　휴가가 길가　　　　운전면허증을 따다
---

8. A : 자동차를 살 거예요?

　B : 네. 이번 주에 ＿＿＿＿＿＿＿＿＿＿＿ 살 거예요.

9. A : 저녁에 운동하러 갈 거예요?

　B : ＿＿＿＿＿＿＿＿＿＿＿ 운동하러 갈 거예요.

10. A : 휴가에 뭐 할 거예요?

　B : ＿＿＿＿＿＿＿＿＿＿＿ 한국에 가고 싶어요.

📷 형성평가 예 2

< -어/아 주다 >

이름 : _____

* '-어/아 주다'를 사용하여 대화를 완성하세요.

1. A : 지금 숙제를 하고 있어요. 그런데 사전이 없어요.

　　　미안하지만 _____(사전을 빌리다)

　　B : 네, 여기 있어요.

2. A : 이번 주말에 같이 수영할까요?

　　B : 좋아요. 그런데 저는 수영을 못 해요. _____(가르치다)

3. A : 감기에 걸려서 아주 추워요.

　　　죄송하지만 _____(창문을 닫다)

　　B : 네, 창문을 닫아 줄게요.

4. A : 실례합니다. 친구와 같이 사진을 찍고 싶어요.

　　　죄송하지만 _____(사진을 찍다)

　　B : 네, 사진기 주세요.

5. A : 제가 내일 콘서트를 해요.

　　　시간이 있으면 내일 _____(콘서트에 오다)

　　B : 네, 내일 시간 있어요. 콘서트에 갈 거예요.

< -어/아 주다 >

★다음 글을 읽고 물음에 답하세요.

> 마이클 씨는 아파서 병원에 있어요. 그래서 수진 씨와 저는 어제 마이클 씨
> 병원에 갔어요. 우리는 마이클 씨가 좋아하는 책을 사 주었어요. 수진 씨는
> 마이클 씨에게 책을 읽어 주었어요. 저는 마이클 씨에게 티비를 켜 주었어
> 요. 그리고 창문도 열어 주었어요. 2시간쯤 후에 저는 집에 오려고 했어요.
> 그런데 돈이 없었어요. 그래서 수진 씨가 돈을 _____㉠_____. 너무 고마웠
> 어요. 내일 수진 씨에게 돈을 줄 거예요. 그리고 작은 선물도 사 줄 거예요.

6. ㉠에 들어갈 말을 쓰세요.

_____

7. 누가 책을 읽었습니까?
　① 마이클　　　② 수진　　　③ 나

8. 누가 티비를 켰습니까?
　① 마이클　　　② 수진　　　③ 나

★ 다음 문장이 맞으면 '예', 틀리면 '아니요'에 √표 하세요.(9-10)

9. 마이클 씨는 창문을 열었습니다.　　　　예_____　아니요_____

10. 저는 수진 씨에게 작은 선물을 사 주었습니다.　예_____　아니요_____

윤지유

명신여자고등학교 졸업
인하대학교 국어교육과 졸업
이화여자대학교 교육대학원 외국어로서의 한국어교육 석사
인하대학교 대학원 외국어로서의 한국어교육 박사
현재 인하대학교 대학원 외국어로서의 한국어교육 강의
현재 인천남고등학교 국어교사
논저 : 「Teaching-Learning and Evaluation for Speaking by applying Project Activities」
　　　「태국인 한국어 학습자의 어휘교육 연구」
　　　「대조분석 관점에서 본 태국어와 한국어의 특징」
　　　『한국어학습자를 위한 음운교육 연구』 박문사(공저) 등

협동적 상호작용을 활용한
한국어 교수-학습 방법 연구

초판 1쇄 인쇄 2017년 7월 17일
초판 1쇄 발행 2017년 7월 27일
저　자 윤지유
펴낸이 이대현
편　집 홍혜정
표지디자인 홍성권

펴낸곳 도서출판 역락
주　소 서울시 서초구 동광로 46길 6-6 문창빌딩 2층
전　화 02-3409-2058, 2060
팩　스 02-3409-2059
등　록 1999년 4월 19일 제303-2002-000014호
이메일 youkrack@hanmail.net
역락블로그 http://blog.naver.com/youkrack3888

ISBN 979-11-5686-928-3 93370

이 도서의 국립중앙도서관 출판예정도서목록(CIP)은 서지정보유통지원시스템 홈페이지(http://seoji.nl.go.kr)와
국가자료공동목록시스템(http://www.nl.go.kr/kolisnet)에서 이용하실 수 있습니다.(CIP제어번호: CIP2017017048)